# MÈRES NARCISSIQUES

## COMMENT RECONNAÎTRE ET RÉAGIR FACE À VOTRE MÈRE NARCISSIQUE

**Stephanie Elizabeth Wilson**

AUTEUR INTERNATIONAL

# Índice

# Introduction

Bienvenue dans l'univers *Des Mères Narcissiques*. Nous vous remercions de prendre le temps et de faire l'effort d'en apprendre davantage sur le narcissisme et sur la façon dont le fait d'être élevé par des parents ou un parent souffrant d'un trouble de la personnalité narcissique (TNP) vous affecte vous et votre vie. J'espère que ce texte vous donnera un point de départ pour poursuivre vos recherches, approfondir votre connaissance et prendre des mesures pour vous guérir.Les enfants élevés par des parents narcissiques deviennent souvent des adultes qui ne comprennent pas pourquoi, dans leur vie, ils se comportent, pensent et ressentent les choses d'une façon qui leur est si particulière. Vous renseigner sur les parents narcissiques et identifier la manière dont ils influencent la vie de leurs proches, peut vous aider à prendre confiance en vous et à prendre votre vie en main. De plus, ceci vous donne la possibilité d'apprendre à mieux interagir et coexister avec vos parents narcissiques.

Le trouble de la personnalité narcissique (TPN) est l'un des nombreux troubles de la personnalité et peut être décrit comme un état mental qui conduit à un sentiment exacerbé de sa propre importance et à un besoin d'attention et d'admiration (Fondation Mayo, 1998-2020, paragraphe 1). Toute personne classée comme ayant un TPN lutte pour maintenir des relations convenables à l'école, au travail et dans sa vie personnelle, et est souvent très malheureuse (Fondation Mayo, 1998-2020, paragraphe 2).

En lisant ce livre, vous aurez l'occasion d'en apprendre davantage sur le TPN ainsi que sur les différents types de narcissiques. Ce texte couvrira quatre types de narcissiques reconnus dans le domaine de la psychologie et vous donnera quelques détails sur la manière de déterminer quel type de narcissique vous a élevé.

Au cours de votre lecture, vous serez sensibilisé aux différences entre les mères et les pères narcissiques.

Bien que leur trouble de la personnalité soit le même, les hommes et les femmes ont, par nature, des caractéristiques différentes. De plus, tout comme les mères narcissiques interagissent différemment avec leurs filles et leurs fils, les pères narcissiques ont des relations différentes avec leurs fils et leurs filles. En étudiant ces différences, vous mettez toutes les chances de votre côté pour comprendre le rôle que ces caractéristiques ont joué dans la formation de ce que vous êtes devenu.

Le célèbre psychologue Sigmund Freud a affirmé, en 1914, que le narcissisme est un élément naturel du développement humain. Son postulat repose sur l'idée que tous les enfants passent par une phase narcissique où ils sont incapables de voir les autres personnes comme des êtres distincts, ce qui entraîne un état d'esprit égocentrique. En général, les enfants sortent de cette phase en grandissant, mais lorsque celle-ci est exagérée et amenée à l'âge adulte, elle devient un TPN clinique (Soeiro, 2019, paragraphe 2).

Mon objectif est d'enrichir vos connaissances sur le narcissisme des parents ou du parent qui vous a élevé, afin que vous en appreniez plus sur vous-même, mais aussi sur les difficultés que vos parents ont dû surmonter chaque jour. Vous acquerrez des compétences qui vous permettront d'avoir de meilleurs rapports avec vos parents et de favoriser une relation plus saine. Vous pourrez également développer la force et les connaissances nécessaires pour réparer les dommages que votre enfance a pu vous laisser. Au cours de votre lecture, si vous tombez sur des termes médicaux, des termes fréquemment utilisés ou des termes scientifiques que vous ne connaissez pas, je vous invite à consulter le glossaire annexe pour accéder à des définitions et des informations supplémentaires.

Merci d'avoir choisi *Des Mères Narcissiques* pour votre guide informatif. Je me réjouis de vous ouvrir de nouvelles portes grâce à cette lecture.

# 1: TOUT CE QUE VOUS DEVEZ SAVOIR SUR LE NARCISSISME

## Qu'est-ce que le narcissisme?

Le narcissisme est défini comme le besoin et le désir de louanges, d'affection, d'attention et d'adoration découlant de la vanité, de l'ego et d'une image idéalisée de soi. Le terme a une connotation insultante envers toute personne qui affiche un comportement égoïste ou intéressé.Il est important de faire la distinction entre ce à quoi l'usage courant du terme narcissisme fait référence et le trouble de la personnalité psychologique associé au narcissisme.

L'emploi désinvolte du mot narcissisme, qui gagne en popularité, déforme ainsi la définition d'origine ainsi que sa bonne utilisation.

Le narcissisme est un élément naturel et normal de la psychologie et du développement de l'enfant, selon Loren Soeiro, PhD ABPP dans son article: "4 Types de narcissiques et comment les repérer", publié dans Psychology Today. Soeiro décrit comment chacun cherche l'approbation au travers des éloges, de l'attention et de l'appréciation de ses parents lorsqu'il est enfant, puis de ses amis, enseignants, collègues et autres personnes importantes lorsqu'il vieillit et mûrit.

Le désir d'être remarqué et apprécié est sain selon les normes de la psychologie. Le simple besoin d'être loué ne conduit pas à un comportement narcissique ou à un TPN. Cependant, sans avoir reçu une socialisation et une éducation appropriée sur la bonne façon d'être approuvé, certaines personnes développent des tendances narcissiques qui penchent vers la recherche et le désir d'adoration. Personne n'aime qu'on lui dise qu'il est narcissique ou qu'il a des tendances narcissiques. En fait, la plupart des personnes qui ont des tendances narcissiques ou qui tombent dans le domaine du TPN sont très gênées et malheureuses.

Ce besoin d'approbation par des sources externes provient d'un manque de confiance profondément enraciné (Fondation Mayo, 1998-2020, paragraphe 2.)

Malheureusement, les personnes qui ont un TPN ou qui penchent vers un comportement narcissique ont du mal à nouer des relations, et les autres éprouvent souvent des difficultés à se trouver en leur présence.Examinons ce qui distingue réellement les comportements narcissiques normaux des TPN cliniques. Dans la petite enfance et l'adolescence, recevoir des éloges et de l'affection est un aspect essentiel du développement et de la croissance. Obtenir la bonne quantité d'attention et d'approbation aide les enfants à apprendre le bien du mal, mais aussi à développer leur confiance en eux et leur capacité à établir des relations avec les autres. Il est naturel, dans la croissance humaine, que les enfants recherchent et exigent une approbation et une attention.

Bien entendu, comme pour tout stade de développement de la psyché humaine, il y a des limites à ce qui favorise des schémas de pensée et des comportements sains par rapport à ce qui ouvre la porte au développement de traits malsains.Lorsque les enfants commencent à se faire des amis en dehors de leur famille de leur cercle familial et à aller à l'école, ce désir d'attention et d'éloge commence à inclure les enseignants, les amis et les pairs. Là encore, l'esprit humain fonctionne de manière saine lorsqu'il désire ce genre d'affection. Les enfants et les adolescents doivent apprendre à faire partie de la société, au-delà de leur cadre familial.

Pendant ces années de développement, a commencent à former leur propre identité, les besoins narcissiques permettent de consolider leur confiance en eux, ainsi que leur image personnelle.D'une manière générale, la saine progression psychologique du narcissisme juvénile a pour conséquence que les enfants et les jeunes adultes grandissent en dehors de ce besoin de célébrité et d'approbation.

À la fin de leurs études, lorsque ces personnes deviennent actives sur le marché du travail, elles deviennent humbles, font partie d'une communauté et d'une équipe, travaillent avec les autres et partagent les projecteurs et le mérite. Bien que des adultes en bonne santé psychologique peuvent encore exprimer des qualités narcissiques de temps à autre, il s'agit de recevoir une adoration extérieure que d'apprendre à promouvoir l' approbation interne.

Il y a des adultes qui sont incapables de créer cette pour eux-mêmes, alors ils constamment partent constamment en quête d'éloges de quiconque peut leur en faire part. Cette trait narcissique ne signifie pas que la personne qui la représente fait partie du spectre du TPN. En fait, la plupart des adultes qui présentent des traits égocentriques, égoïstes n'ont pas de TPN. Étant donné que le narcissisme est considéré comme un élément naturel et normal d'un esprit sain, tout le monde est capable d'exprimer un comportement narcissique.

Comme pour tout trait de personnalité ou phénomène psychologique, il existe un équilibre qui oscille entre le sain et le malsain. Le côté extrêmement malsain du spectre est celui où vous trouverez des personnes qui sont classées comme des narcissiques psychologiques. Comprendre et accepter que le comportement narcissique est présent chez tous les humains et fait partie de la psychologie va vous aider à en apprendre davantage sur le TPN et l'effet qu'il a eu sur vous dans votre enfance, élevé par des parents narcissiques.

L'importance du narcissisme dans le développement psychologique réside dans l'établissement d'une saine estime de soi (Soeiro, 2019, paragraphe 1). Lorsque vous rencontrez des individus qui penchent du côté narcissique, il peut être difficile mais porteur de se rappeler qu'ils n'ont probablement jamais eu la chance de développer leur propre confiance ou estime de soi. Peut-être que cela les rendra plus humains à vos yeux.

Il est certain que la connaissance seule ne permet ni de rendre l'interaction avec eux plus facile ni d'être aux côtés de leurs traits de personnalité, qui sont plus complexes. Cependant, si vous avez été élevé par un ou plusieurs parents narcissiques, comprendre leurs insécurités peut vous aider à déterminer vos propres forces et à ne pas tomber dans les schémas cognitifs qu'ils ont créés pour eux-mêmes.Malheureusement, il s'agit d'un cercle vicieux dans lequel une personne, qui manque d'estime de soi, a besoin d'attention et d'adoration, et qui va donc réécrire ses schémas de pensées pour s'assurer qu'elle le mérite. En retour, cela peut repousser ses pairs et entraîner des relations malsaines. Lorsque leurs relations s'effondrent, ces individus narcissiques rejettent la faute sur les personnes qui les entourent, leur reprochent ce qui ne va pas et sont incapables d'accepter leurs responsabilités ou de penser qu'ils pourraient être à l'origine du problème.

Ces cycles malsains sont très présents dans la vie des personnes atteintes de TPN. Ils sont peut-être moins perceptibles pour quiconque s'oriente vers le côté malsain des besoins narcissiques normaux, mais il existe toujours un manque sous-jacent de confiance et d'estime de soi. En humanisant et en reconnaissant que ces comportements extrêmes et inconfortables ont une cause profonde, vous vous donnez la force de surmonter toute négativité durable qui vous a été projetée par des parents narcissiques. N'oubliez pas que ce n'est pas parce qu'une personne est égoïste qu'elle a un TPN. Les tendances égoïstes, ou ce qui est perçu comme égoïste, sont souvent des constructions sociales qui faussent le concept de selfcare (prendre soin de soi) et font du « soi » une priorité. D'autres comportements égoïstes sont plus enclins à la cupidité et ne correspondent pas nécessairement au narcissisme.

Cela étant dit, tous ceux qui manquent d'humilité ne sont pas narcissiques. Il en va de même pour ceux qui ont un ego démesuré ou qui ont des difficultés à entretenir des relations saines. Il y a une distinction entre le narcissisme sain, le fait d'être narcissique et le fait d'avoir un TPN. En apprenant à connaître ces différences, vous aurez accès aux connaissances qui vous serviront le mieux si vous avez été élevé par un ou plusieurs parents narcissiques.

# Trouble de la personnalité narcissique (TPN)

Le trouble de la personnalité narcissique (TPN) est un trouble de la personnalité psychologique qui se définit par une grave illusion de grandeur. Cette illusion brouille la réalité du statut réel d'une personne et gonfle son ego et l'image qu'elle se fait d'elle-même à un niveau supérieur à celui de la majorité des personnes avec lesquelles elle interagit quotidiennement.

Le TPN ne découle pas de l'd'amour-propre. Un vrai narcissique est plutôt amoureux de sa propre image, idéalisée par l'ego et le grandiose. Cette image incrustée qu'ils ont d'eux-mêmes devient une illusion de ce qu'ils sont, et constitue un mécanisme d'adaptation pour ne pas reconnaître ou admettre qu'ils ont une faible estime d'eux-mêmes et des sentiments d'indignité. Il devient si important de maintenir cette illusion que tout type de critique ou d'insulte perçue conduit à la colère et à la rage, comme une tentative de détourner et de maintenir l'illusion stable (Smith et Robinson, 2019, paragraphe 1).

L'énergie mentale et émotionnelle, qu'il faut pour maintenir cette illusion en vie, pèse de façon exponentielle sur la psyché humaine.
Un esprit épuisé est ce qui ouvre la porte au développement de comportements plus

dysfonctionnels, les symptômes qui sont plus communément associés au TPN.

Parmi les symptômes narcissiques les plus courants, on trouve un fort sentiment d'importance personnelle, des sentiments exagérés de droit et de supériorité, et l'attente d'être reconnu pour chaque action et chaque réalisation, grande ou petite. D'autres symptômes du TPN concernant la manière dont les narcissiques se comportent avec les autres sont le sentiment de ne pouvoir s'associer qu'avec des égaux, le fait de regarder de haut et de rabaisser les personnes qu'ils jugent inférieures, le besoin de monopoliser la conversation et le fait de profiter des autres par diverses formes de manipulation (Fondation Mayo, 1998-2020, paragraphe 5).

Les narcissiques croient souvent que tout leur entourage les envie. Qu'ils méritent le meilleur de tout en termes de luxe comme les voitures, les maisons, les marques de vêtements, etc. Ils peuvent facilement se laisser prendre à leurs propres fantasmes de pouvoir, de richesse, de gloire et de beauté accrus. La plupart des narcissiques ne peuvent ou ne veulent pas penser aux autres et à leurs besoins. Ils s'attendent à des faveurs et attendent des autres qu'ils répondent à leurs attentes. Une attitude narcissique se traduit, en général, par l'arrogance, la vantardise, la vanité et la prétention (Fondation Mayo, 1998-2020, paragraphe 4).

Ces attributs sont la manifestation de sentiments profonds de malheur et d'un manque de confiance en soi. Comme le TPN est issu d'un faible estime de soi et de malheur profondément enraciné, tout ce qui met en péril ce délire bien construit et à plusieurs niveaux provoque des réactions indésirables dans une personnalité narcissique.

Les narcissiques peuvent devenir furieux lorsqu'ils sont critiqués. Ils ont tendance à trop attendre d'eux-mêmes et s'ils ne parviennent pas à se donner une image parfaite d'eux-mêmes, ils deviennent déprimés et lunatiques. Ils sont souvent très rigides, incapables de s'adapter au changement. L'impatience et la colère peuvent être déclenchées lorsqu'ils ont l'impression de ne pas recevoir la reconnaissance ou le traitement qu'ils méritent. Ils ont également des problèmes récurrents pour développer des relations interpersonnelles (Fondation Mayo, 1998-2020, paragraphe 5).

En vous basant sur les symptômes et les réactions généralement reconnus des personnes atteintes de TPN, vous pouvez déjà établir des liens entre la manière dont la TPN inhibe la capacité d'un parent à créer un environnement sain et stimulant pour son enfant. Vous pouvez également établir des similitudes entre vos propres parents et les symptômes décrits. La plupart des narcissiques souffrent d'une insécurité secrète qui leur laisse un sentiment de honte. Le conflit entre ces sentiments cachés d'humiliation, qui contrastent avec le sentiment trop enflammé de soi, de supériorité, d'unicité et d'importance, entraîne la rage, la frustration et la confusion. Cependant, les personnes souffrant de TPN n'admettront jamais facilement cette confusion; elles ne feront que la projeter sur les autres ou se mettront en rage par défaut.

On parle de projection lorsque quelqu'un refuse d'accepter une faute en soi et prétend qu'il s'agit d'un trait négatif chez quelqu'un d'autre. Elle peut prendre la forme d'une critique explosive et excessive car le projecteur est inconsciemment en colère contre lui-même, mais ne peut l'admettre. Ainsi, il blâme les autres pour les défauts qu'il ne veut pas accepter en lui-même.

La différence majeure entre être narcissique et avoir un TPN se résume au terme de "grandiosité". Le narcissisme conduit à la vanité, à l'importance de soi et au désir d'être reconnu. Le TPN, cependant, crée un état d'esprit égoïste où l'individu se sent bien plus spécial et supérieur que tous ceux qui l'entourent. Ils pensent qu'ils sont trop uniques pour être compris par quelqu'un de "moyen", et ils ne peuvent s'associer qu'avec ceux qui sont au même statut exalté qu'eux. Ils veulent être reconnus et félicités pour être spéciaux et uniques sans pour autant faire quoi que ce soit pour montrer cette supériorité (Smith et Robinson, 2019, paragraphe 4, 5).

Comme vous pouvez le constater, les délires psychologiques extrêmes qui accompagnent le véritable TPN ne sont pas les traits narcissiques moyens et quotidiens auxquels le terme "narcissisme" est appliqué si libéralement. Parce que le TPN a une composante délirante, il est classé comme un trouble psychologique de la personnalité qui doit être traité par une thérapie comportementale et peut-être même par des médicaments. Malheureusement, il est peu probable qu'un vrai narcissique veuille un jour admettre que quelque chose ne va pas chez lui. Cela signifie que la plupart des cas ne sont pas traités et que le schéma se poursuit dans un cycle très destructeur.

Les troubles de la personnalité, comme le TPN, font partie du domaine des troubles mentaux, de la même manière que le trouble de la personnalité antisociale, le trouble maniaco-dépressif, l'autisme et même la dépression clinique sont classés. Les symptômes et les réactions de ces différents troubles varient d'une personne à l'autre. Par exemple, les personnes souffrant de troubles de la personnalité antisociale ne torturent et ne tuent pas toutes des animaux. Les personnes atteintes d'autisme ne sont pas toutes non verbales ou incapables de communiquer.

Il existe différents degrés de gravité des symptômes, et c'est également vrai pour le spectre des TPN. En outre, les troubles mentaux sont souvent traitables, mais pas nécessairement curables. Elles sont parfois le résultat d'un câblage dans le cerveau. Il peut être difficile d'accepter qu'une personne que vous aimez souffrant de TPN ne soit jamais capable de changer ou ne veuille jamais chercher une aide professionnelle. Cependant, comprendre qu'elle ne maîtrise pas complètement la chimie de son cerveau est une étape supplémentaire pour apprendre à surmonter les contraintes qu'elle vous a imposées.

Le domaine de la psychologie et de la santé mentale est en constante évolution. Même au cours des dix dernières années, la compréhension du TPN a augmenté et changé. Idéalement, il viendra un temps où la santé mentale ne sera plus une préoccupation majeure de la société.

Il existe encore des obstacles, principalement sous la forme d'une santé mentale qui ne reçoit pas l'attention nécessaire pour apporter des changements notables, ainsi que des personnes qui considèrent toujours la santé mentale comme un tabou. Heureusement, la prise de conscience s'accroît. En acceptant que vous avez été touché par un parent narcissique et en faisant l'effort d'apprendre à vous connaître et à connaître les autres, vous contribuez à la solution.

## Les causes du trouble de la personnalité narcissique (TNP)

Comme le domaine de la santé mentale continue de croître et de progresser, il existe de nombreux troubles dont la cause est inconnue. Le TPN est un trouble de la personnalité dont la cause n'est pas claire et qui est souvent difficile à prévoir en tant que trouble potentiel lors de l'évaluation de la psychologie de l'enfant. Certains éléments permettent de penser que des facteurs contributifs peuvent conduire au développement du TPN.

Les trois facteurs qui sont le plus souvent analysés lorsqu'on examine les origines d'un trouble de la personnalité sont l'environnement, la génétique et la neurobiologie.Dans le cas du TPN, l'environnement fait référence au milieu dans lequel un enfant est élevé. De nombreux facteurs dans la façon dont un enfant est élevé montrent une corrélation avec le narcissisme. Les enfants sont impressionnables et il faut leur apprendre à distinguer le bien du mal. Il faut leur apprendre à se comporter de manière appropriée et à vivre en harmonie avec leur communauté. Sans un encadrement approprié, les enfants risquent de tomber dans des comportements inappropriés, des mentalités néfastes et des schémas de pensée qui peuvent devenir destructeurs pour eux-mêmes et leur entourage. En ce qui concerne les facteurs environnementaux liés au TPN, ils sont nombreux.

Vous remarquerez qu'ils se situent dans l'un des deux environnements extrêmes dans lesquels un enfant peut être élevé. Le premier est un environnement négligé, tandis que le second est un environnement trop choyé. Les enfants ont besoin d'équilibre et en se penchant trop dans l'une ou l'autre direction, le développement d'un enfant peut être faussé par ce à quoi il est exposé. En ce qui concerne la négligence, certaines expériences environnementales communes qui ont été liées au TPN incluent des parents négligents ou absents, des parents insensibles, physiquement, mentalement et émotionnellement abusifs, et des soignants imprévisibles et incohérents (Healthdirect, 2018, paragraphe 2).

Les enfants qui sont traités pour l'une des déficiences parentales précédemment énumérées sont considérés comme étant à risque de développer une DNP. Si un enfant n'obtient pas la cohérence, l'attention ou les soins qu'il recherche naturellement dans sa famille d'origine, il commence à en avoir besoin et va aller là où il peut les obtenir. Dans un sens, le TPN peut servir de mécanisme de défense contre la négligence et l'abus en formant un état d'esprit sûr, bien que délirant, pour qu'un enfant ressente tout ce qu'il désire mais n'obtient pas de ses parents. Cette illusion est tellement ancrée dans leur cognition qu'ils la portent à l'âge adulte et ne peuvent pas en sortir.

D'un autre côté, on sait qu'un excès de dorlotement peut aussi conduire au TPN. Les parents qui sont enclins à surestimer leurs enfants, ou qui ont des attentes irréalistes, peuvent involontairement leur imposer un sentiment de supériorité. Ces éloges peuvent porter sur leur intelligence, leurs attributs physiques, un talent particulier ou simplement le sentiment général de traiter leur enfant comme la personne la plus importante et la plus incroyable de la planète (Healthdirect, 2018, paragraphe 2).

La plupart des parents pensent que leurs enfants sont les personnes les plus incroyables du monde. Cela n'est pas préjudiciable en soi. Cependant, en louant constamment un enfant, en ne lui faisant jamais assumer la responsabilité de ses actes et en ne lui apprenant pas l'humilité, l'idée qu'il est parfait devient un véritable état d'esprit pour lui. Les enfants sont des éponges. Ils s'imprègnent de tout ce qui les entoure. Si on les traite comme des êtres supérieurs et parfaits, ils commencent à penser qu'ils le sont et à attendre ce traitement de la part de tous ceux qui les entourent.

Tous les enfants choyés ou gâtés ne risquent pas de devenir narcissiques. C'est là qu'intervient la complication de l'identification d'une cause. Aussi triste que cela puisse être, beaucoup d'enfants sont élevés dans des environnements qui correspondent soit à l'extrême de la négligence, soit à l'extrême de la surcharge. Ils ne finissent pas tous par être atteints de TPN.

Les traumatismes et les abus sont des facteurs environnementaux qui ne sont pas nécessairement liés à la fonction parentale et à l'environnement dans lequel un enfant grandit. Cependant, il existe des corrélations entre les traumatismes et les abus qui entraînent des TND. Il y a tant de types de traumatismes et d'abus qu'il est difficile de réduire le champ à ce qui provoque précisément la formation du TPN à partir d'une situation traumatique ou abusive.

C'est pourquoi il y a d'autres facteurs à prendre en compte. Les facteurs génétiques sont des traits qui sont hérités des parents et qui figurent dans le code génétique. Actuellement, il n'y a pas de gènes spécifiquement liés à la TPN. Cela étant dit, on ne peut pas exclure que la génétique soit un facteur de causalité de la DNP. Ils jouent en effet un rôle important et complexe dans le développement de la personnalité et du cerveau. Comme le TPN est un trouble de la santé mentale et que l'esprit fonctionne en grande partie grâce à des sécrétions chimiques, et que la capacité de l'esprit à fonctionner et à traiter les informations a des influences génétiques, il est possible que la génétique soit responsable du narcissisme, ou du moins qu'elle y contribue.

Le troisième facteur à prendre en compte pour analyser la cause d'un trouble de la personnalité est la neurobiologie. Elle renvoie à l'esprit qui fonctionne à partir de sécrétions chimiques. Le système nerveux est un réseau à l'intérieur du corps qui fonctionne à partir d'impulsions électriques. Ces impulsions rayonnent des informations du cerveau vers le reste du corps. Les neurones et les connexions neuronales dans le cerveau sont généralement câblés d'une certaine manière. Cette partie de l'évolution humaine, et la neurobiologie de toute espèce donnée, tend à avoir une structure ou un modèle.

Bien sûr, il y a toujours de la place pour la variation de la nature. Qu'arrive-t-il au cerveau humain lorsque des neurones sont croisés? Il existe de nombreux troubles sensoriels qui résultent d'un mauvais câblage des neurones. La synesthésie est le moment où les neurones sensoriels sont croisés. Les personnes atteintes de synesthésie goûtent parfois des couleurs, ou voient toujours les lettres de l'alphabet représentées par une couleur. Tout comme la synesthésie, il est possible que le narcissisme soit le résultat de neurones mal connectés dans le cerveau. Parfois, c'est génétique, parfois c'est un coup de malchance.

Étant donné qu'aucun facteur ne peut être identifié à lui seul comme étant la cause de la DNP, il y a de fortes chances que la DNP soit le résultat de plusieurs facteurs qui s'alignent de manière spécifique.

Cela signifie qu'un enfant élevé dans un environnement négligé, dont la génétique est corrélée et dont les neurones sont connectés d'une certaine manière, développera toujours un TPN. Bien sûr, il est difficile de quantifier exactement ce qui contribue à un délire aussi complexe.Si vous connaissez quelqu'un qui a un TPN ou si vous avez été élevé par des parents narcissiques, vous en savez peut-être assez sur son enfance et sa génétique pour identifier certains facteurs qui ont contribué à son narcissisme.

Bien que la connaissance de l'origine précise d'un trouble de santé mentale soit la meilleure façon de le traiter, et peut-être même de le prévenir, la complexité qui entoure la santé mentale pourrait ne jamais permettre de comprendre exactement ce qui cause le TPN ou d'autres troubles de la personnalité. Il s'agit plus que probablement d'un cumul de différents facteurs convergeant en une tempête parfaite.

## Types de narcissiques que vous devez connaître

Lorsqu'il s'agit de troubles de la personnalité, il y a toujours place pour la variation. Après tout, chaque personne est différente, et cela signifie que même les narcissiques sont différents les uns des autres. Si les traits et les symptômes sous-jacents peuvent être très similaires ou largement catégorisés, ils peuvent être décomposés davantage en "types" de troubles de la personnalité.Il existe quatre types ou sous-catégories de narcissiques reconnus en psychologie. Ces sous-catégories peuvent être subdivisées en plusieurs types, mais par souci de simplicité, le présent texte ne se concentrera que sur les quatre. La classification des narcissiques commence par la division des types de personnalité en positif et négatif, ou en termes de narcissisme, prosociale et antisociale.

Le prosocial est le type associé au narcissisme grandiose et tapageur le plus reconnu dans la société moderne. Le narcissiste antisocial est considéré comme le type dont le narcissisme provient d'un lieu d'insécurité et de vulnérabilité. Les types de personnalité prosociaux ont tendance à prendre le devant de la scène et à écarter leur contrepartie antisociale moins connue et moins reconnue (Soeiro, 2019, paragraphe 3).

Les narcissiques prosociaux sont le type de personnes qui se distinguent dans une foule. Ils génèrent l'attention et l'adoration dont ils ont besoin en accomplissant des actes et des actions qui leur valent des éloges. Cependant, ils peuvent souvent être excessifs dans leur "serviabilité", car ils ne se lassent jamais de cette d'approbation. La plupart des narcissiques prosociaux ont un solide groupe d'amis ou de collègues qui aiment être près d'eux et les considèrent comme de bonne compagnie. Ils peuvent même être décrits comme amusants (Soeiro, 2019, paragraphe 3).

Cette attention des autres membres de leur cercle social est une grande source d'affection et d'affirmation dont ils ont besoin, et ils continueront à la rechercher. En termes de manipulation et de comportement égoïste, le narcissique prosocial est du côté inoffensif. Il a un peu d'empathie pour les autres, et il utilise cette empathie pour comprendre les besoins et les désirs des gens qui l'entourent. Ainsi, ils sont capables de faire plaisir à leurs amis et à leur famille et, en retour, d'obtenir l'approbation de leurs actions.

Ce type de concessions mutuelles a une certaine connotation manipulatrice, car il s'agit de jouer sur les émotions d'autrui pour obtenir ce qu'il veut, mais il n'est pas considéré comme aussi nuisible que d'autres types de narcissisme peuvent l'être (Soeiro, 2019, paragraphe 3).

Les narcissiques antisociaux ont tendance à être les plus manipulateurs. Ils sont incroyablement égocentriques, considérant les personnes qui les entourent comme des objets à utiliser, à exploiter et à manipuler pour leur propre avantage. Ils cherchent constamment la satisfaction et l' approbation des autres, mais contrairement au narcissiste prosocial, ils ne se montrent pas prêts à se rendre utiles. Ils veulent simplement être reconnus pour leur supériorité et ils abuseront et manipuleront les autres pour obtenir cette reconnaissance.

Contrairement à leurs homologues prosociaux, les narcissiques antisociaux manquent d'empathie pour les autres car ils se considèrent comme largement supérieurs. Toute personne "en dessous" d'eux n'en vaut pas la peine (Soeiro, 2019, paragraphe 4).

Il existe deux autres types de personnalité qui entrent dans la catégorie des narcissiques antisociaux. Le premier est appelé le narcissique malin. Les narcissiques malins sont un extrême du domaine du narcissisme antisocial. Ils ne font rien pour le bien de personne, jamais. En fait, Otto Kernberg, un théoricien de la psychologie, a déclaré que les narcissiques malins constituent une classe entre le narcissisme classique et le trouble de la personnalité antisociale.

Si les narcissiques malins peuvent nouer des relations à long terme, contrairement à certains autres types de narcissiques, ils ont tendance à devenir agressifs et colériques. Si quelqu'un la menace ou les critique, et afin de maintenir cette fragile illusion, les narcissiques malins deviennent furieux. Dans certains cas, ils peuvent même chercher à détruire l'adversaire qu'ils perçoivent comme tel. Cela peut impliquer la destruction de leur carrière, de leur vie personnelle ou d'un autre aspect de la vie de l'adversaire. Ces narcissiques doivent travailler incroyablement dur pour garder intactes leurs illusions grandioses, de sorte que leur capacité à gérer des situations quotidiennes sans se sentir personnellement attaqué par des remarques et des événements fortuits est sévèrement limitée (Soeiro, 2019, paragraphe 5).

Le quatrième type de personnalité narcissique a un nom trompeur, connu sous le nom de narcissique vulnérable. Cependant, le terme vulnérable dans ce contexte ne signifie pas qu'ils ne présentent pas le symptôme de supériorité dans leur délire. Au contraire, ils intériorisent leur supériorité. La différence sous-jacente entre les narcissiques vulnérables et les autres types de narcissiques est qu'ils ne demandent pas et ne manipulent pas extérieurement les éloges et l'attention, même s'ils pensent toujours les mériter (Soeiro, 2019, paragraphe 6).

Comme les narcissiques vulnérables passent la plupart de leur temps dans leur tête avec le sentiment de ne jamais obtenir la reconnaissance et l'adoration qu'ils estiment mériter, l'état d'esprit peut se transformer en un sentiment de victimisation. Toute personne narcissique vulnérable manque d'empathie pour les autres. Ils sont profondément sensibles à la façon dont les autres les perçoivent et peuvent tomber dans des états de dépression, ayant le sentiment que le monde ne leur a pas permis de reconnaître leur caractère unique et leur génie sans égal. Cette sensibilité ne s'étend pas au-delà de leur propre personne (Soeiro, 2019, paragraphe 6).

Il y a un chevauchement entre le narcissique vulnérable et le narcissique antisocial, surtout lorsqu'il s'agit d'attendre une reconnaissance simplement basée sur la pensée qu'ils sont exaltés et supérieurs. Comme pour tout trouble de la personnalité, le TPN et les différents types de narcissiques présentent des similitudes et il est parfois difficile de déterminer la place d'une personne que vous connaissez sans l'aide d'un diagnostic clinique.

Avec les quatre principaux types de personnalités narcissiques qui entrent dans le cadre du trouble de la personnalité narcissique, vous pouvez voir comment tous les narcissiques ne se comportent et ne réagissent pas de la même manière. Si les symptômes du trouble de la personnalité narcissique ne varient pas beaucoup d'un type à l'autre, il existe des différences qui peuvent entraîner des complications dans les relations personnelles, les carrières professionnelles et même d'autres aspects de la santé mentale.

Quel que soit le type de narcissique qui vous a élevé, vous connaissez peut-être la déception et la frustration qui accompagnent le fait qu'ils ne tiennent compte de vos besoins que pour se servir eux-mêmes. Vous comprenez peut-être ce que l'on ressent lorsqu'on fait preuve de la plus grande prudence en leur présence pour éviter les reproches déplacés, la rage et les manipulations trompeuses qui vous font sentir incompétent en leur présence.

Même si vous pensez savoir où se situe une personne dans votre vie par rapport à ces quatre personnalités narcissiques, soyez prudent si vous vous fixez sur l'une d'entre elles. Apprendre à vivre et à communiquer avec un narcissique peut changer en fonction de son type de personnalité, et si vous l'étiquetez mal, vos tentatives pour établir une relation plus saine risquent de ne pas aboutir. Gardez l'esprit ouvert.

# Comment le narcissique vous contrôle

Il est important de se rappeler que la plupart des narcissiques ne vous contrôlent pas ou ne vous manipulent pas par méchanceté ou par malveillance. Bien que cela puisse être délibérément destructeur, il est plus probable que non que les narcissiques soient tellement impliqués et incapables d'avoir de l'empathie pour les autres qu'ils ne réalisent pas consciemment les dommages qu'ils causent ou la façon dont ils utilisent les gens. Vous pouvez essayer de leur dire que leurs actions vous blessent ou vous bouleversent, mais comme ils ne peuvent pas voir au-delà de leurs propres besoins, ils ne comprendront pas, ou ils s'en prendront violemment à vous et rejetteront la faute.

Lorsque vous rencontrez pour la première fois une personne qui semble confiante, ambitieuse et courageuse, il est naturel d'être attiré par cette allure énigmatique. Les narcissiques projettent un sentiment de confiance. Ils parlent de leurs objectifs, de leurs réalisations et de leur vie fantastique. Cette illusion qu'ils font de leur propre grandiosité s'adresse souvent directement au côté aventureux des autres. Si vous avez du mal à avoir confiance en vous, il est tellement plus facile d'être attiré par quelqu'un qui l'exprime dans tout ce qu'il dit et fait. Malheureusement, ce n'est qu'une illusion, car une fois que vous êtes pris au piège, il est difficile de s'en sortir. Les fantasmes des narcissiques peuvent devenir nuisibles et préjudiciables à ceux qui s'y laissent prendre.

Un narcissique peut notamment affirmer son contrôle et son autorité si vous essayez de fixer des limites. Le terme "limite" s'applique aux limites personnelles que vous mettez en place et qui vous procurent un environnement sûr que d'autres personnes ne peuvent pas franchir. Par exemple, si votre mère aime être impliquée dans votre vie et vit à proximité, elle peut s'inviter à tout moment, sans préavis. Une limite appropriée serait de lui dire qu'elle doit appeler avant de venir. Une personne respectueuse, respectera les limites que vous vous êtes fixées.

Les narcissiques ne respectent pas les frontières. Ils ne respectent pas les limites parce qu'ils ne vous respectent pas. Ils franchiront régulièrement les limites que vous essayez de mettre en place, et ils le feront en se sentant entièrement privilégiés et dans leur droit de le faire. En ne respectant pas vos limites, les narcissiques affirment leur contrôle sur vous et sur votre vie personnelle. Ils revendiquent également vos biens, votre temps et votre attention. C'est un problème courant dans les relations interpersonnelles d'un narcissique, car celui-ci ne veut pas de véritable égalité ou réciprocité dans les relations qu'il forme.

Une autre méthode de contrôle que les narcissiques imposent aux personnes dans leur vie est de vous faire croire à leur illusion. Non seulement ils veulent vous faire croire en leur supériorité, mais la façon dont ils traitent les personnes avec lesquelles ils ont des relations peut conduire à d'autres types de fausses perceptions. Le narcissisme se fonde sur égo démesuré, ce qui fait que les gens autour d'eux se sentent petits, inutiles, inférieurs et pensent qu'ils ont vraiment quelque chose qui ne va pas.

En croyant à l'opinion qu'un narcissique a de vous et en croyant aux insultes, aux jugements et aux reproches qu'il vous lance, il est facile de se perdre dans l'illusion que vous êtes en quelque sorte le fautif. U
n narcissique n'acceptera jamais d'être blâmé ou responsable, et pourtant il s'attend toujours à ce que les autres le fassent. L'admission de la faute de quelqu'un d'autre est une approbation gratifiante pour un narcissique.

En utilisant des manipulations émotionnelles, l'allumage de gaz et d'autres comportements extrêmes, les narcissiques contrôlent les autres en déformant leur propre vision d'eux-mêmes.

Une fois qu'une personne est piégée dans ce sentiment d'infériorité, elle ne peut pas toujours s'en sortir facilement. Cela signifie que les narcissiques peuvent effectivement modeler leur propre source personnelle de validation supérieure, ainsi qu'un exutoire pour tous leurs défauts. Lorsqu'un narcissique noue des relations, c'est ce qu'il veut vraiment.

Les narcissiques peuvent également utiliser l'argumentation comme une forme de contrôle. Comme ils croient fermement qu'ils ont toujours raison, qu'ils sont plus intelligents et mieux informés sur tout, et qu'ils sont meilleurs en tout, il est impossible de les convaincre du contraire. Se disputer avec un narcissique n'aboutira jamais à un compromis ou à quoi que ce soit d'autre qu'une escalade qui pourrait mener à un résultat non désiré. En affirmant leur intelligence et leur compréhension supérieures imaginées par rapport à quelqu'un qui n'est pas d'accord avec eux, ils peuvent monopoliser une situation et une conversation.

Étant donné qu'une dispute avec un narcissique est une bataille perdue d'avance, il peut être le seul gagnant. Ainsi, quiconque est entraîné dans une dispute avec lui finit par se sentir plus mal dans sa peau et peut même remettre en question sa propre intelligence.

L'une des formes de contrôle les plus néfastes que les narcissiques finissent par imposer aux personnes dont ils sont les plus proches est de vous faire croire que tout ce qui est négatif vous concerne. La réalité est que les narcissiques sont trop égocentriques pour comprendre que quelqu'un d'autre a des besoins en dehors des leurs.

Ce n'est pas qu'ils ne veulent pas s'étendre aux autres avec compassion et empathie, c'est qu'ils en sont vraiment incapables.Ainsi, lorsqu'il se passe quelque chose dans votre relation avec un narcissique qu'il n'aime pas, ou qui le fait se sentir vulnérable ou peu sûr de lui, il renversera la situation et en fera plutôt une affaire de vous. Cela semble aller à l'encontre du symptôme fondamental du narcissisme qui est un sentiment d'exagération de soi. Cependant, comme les narcissiques se fient à leurs illusions de grandeur et à leur image, ils ne peuvent pas laisser quoi que ce soit menacer cela.Dès que leur fragile sentiment de supériorité est compromis d'une quelconque manière, leur implication semble s'évaporer, et tout à coup, tout tourne autour de vous. Bien sûr, tout ce qu'ils disent, font et vous reprochent est négatif et projette souvent leur propre comportement. Ils ne font pas vraiment la situation à votre sujet autant qu'ils refusent de reconnaître les traits négatifs en eux.

Gardez à l'esprit qu'une conversation avec un narcissique peut ne porter que sur vous, mais ce ne sera pas une conversation élogieuse ou agréable. C'est juste une autre façon pour eux de vous utiliser pour contrôler leurs illusions sur eux-mêmes. Lorsqu'il s'agit de narcissiques et de la façon dont ils contrôlent les autres, la meilleure chose à faire est d'apprendre à ne pas le prendre personnellement.

C'est incroyablement difficile, surtout s'il s'agit d'un membre de la famille, d'un parent ou d'un proche. S'ils ne peuvent pas contrôler ce que vous ressentez pour vous et vous manipulent pour que vous leur donniez ce qu'ils veulent, alors ils n'ont aucun pouvoir sur vous. Tenez-vous bien dans vos limites et apprenez à établir votre propre confiance et votre estime de soi séparément de vos besoins.

# Exemples de stratégies narcissiques de manipulation

Les trois formes de manipulation les plus courantes que les narcissiques mettent en œuvre pour contrôler leur entourage et obtenir ce qu'ils veulent sont la jalousie, la culpabilité et les menaces. Certaines de ces stratégies de manipulation sont subtiles et plus difficiles à identifier, tandis que d'autres sont très simples. On parle de manipulation lorsque quelqu'un utilise et exploite quelqu'un ou quelque chose d'autre pour son propre profit ou à des fins personnelles. Les narcissiques sont des maîtres manipulateurs, mais ils sont dangereux car la plupart du temps, les manipulations ne sont pas un effort conscient. Leur besoin d'adoration et d'éloge constant les conduit à devenir manipulateurs afin de pouvoir extraire des autres ce dont ils ont fondamentalement besoin. Il y a des situations où ils orchestrent délibérément une situation de manipulation, mais le but général n'est généralement pas d'être nuisible ou vindicatif. Ils essaient de forcer une situation où quelqu'un doit les apprécier et les féliciter.

Il existe maintenant des types de narcissiques qui penchent pour le côté malveillant et méchant. Ces narcissiques peuvent devenir intentionnellement nuisibles et manipuler les gens dans des situations compromettantes pour un sentiment de vengeance. Dans ces cas, la vengeance est l' approbation du fait qu'un narcissique a besoin de se sentir supérieur à cette personne. Les narcissiques malins peuvent devenir intentionnellement nuisibles, en cherchant à détruire ou à dégrader et rabaisser d'une manière ou d'une autre les personnes qui ont menacé leurs illusions.

La jalousie ne s'applique pas seulement aux relations amoureuses. Dans toute relation que vous avez avec un narcissique, qu'elle soit amicale, romantique, familiale ou entre parents et enfants, la jalousie devient un facteur. Si vous accordez de l'attention ou de l'appréciation à une personne autre que le narcissique dans votre vie, elle sera offensée, pensant que votre attention ou votre intérêt pour elle s'est estompé. Par conséquent, les narcissiques se contenteront de situations qui engendrent la jalousie, en vous forçant à réagir pour leur montrer combien vous les appréciez ou combien vous avez besoin d'eux.

Un exemple pourrait être celui d'un partenaire romantique qui pense que votre intérêt s'estompe. Il pourrait flirter ouvertement avec d'autres personnes de votre entourage, suscitant une réaction de jalousie. Le but de leur flirt est de vous manipuler pour que vous vous concentriez sur eux et que vous nourrissiez à nouveau leur ego. C'est aussi une méthode qu'ils utilisent pour tester votre engagement dans la relation.

La culpabilité est une émotion puissante. Elle accompagne généralement des actions et des pensées qui sont perçues comme mauvaises mais qui sont quand même faites. Les narcissiques déforment les sentiments normaux de culpabilité et s'en servent pour contrôler et manipuler les personnes avec lesquelles ils sont en relation. Si vos paroles ou vos actes sont perçus comme irrespectueux ou diminuent d'une quelconque manière l'adoration que vous leur portez, ils déformeront la situation d'une manière qui vous fera culpabiliser. Vous finissez par vous excuser pour quelque chose qui n'était peut-être pas de votre faute ou par vous sentir coupable dans des situations où vous ne devriez pas vous sentir coupable du tout!

Un exemple d'application de la culpabilité comme moyen de manipulation pourrait prendre la forme d'un narcissique essayant de franchir une de vos limites. Par exemple, vous décidez de éviter un Noël en famille, pour quelque raison que ce soit. Lorsque vous dites à votre parent narcissique que vous ne serez pas là pour les vacances, il peut essayer de vous faire culpabiliser en disant quelque chose comme: "Eh bien, nous vous enverrons tous vos cadeaux et vous ne recevrez aucun de nous". Ce genre de manipulation vise à vous donner l'impression que vous leur avez fait du tort, et qu'à cause de cela, vous êtes une personne horrible et injuste.

Une troisième technique de manipulation couramment utilisée est la menace. Les menaces peuvent se présenter sous de nombreuses formes, certaines plus extrêmes que d'autres. Il est difficile de confondre une menace avec autre chose que ce qu'elle est, mais la façon dont les narcissiques mettent en œuvre un comportement menaçant est souvent faite de manière à vous faire croire que vous n'essayez pas assez fort ou que vous les repoussez d'une manière ou d'une autre.

Dans une relation amoureuse, une menace commune des narcissiques est de mettre fin à la relation. Si un partenaire romantique tente d'exercer un quelconque contrôle sur lui-même, ou tente de fixer des limites, un narcissique est susceptible de menacer de rompre pour reprendre le contrôle de la situation et forcer son partenaire à reprendre un rôle inférieur. Dans certains cas extrêmes, un narcissique peut être menacé de dommages physiques ou de violence s'il est également prédisposé à des tendances violentes.

Il est à noter que tous les narcissiques ne sont pas violents, tout comme tous les psychopathes ne sont pas des tueurs en série. Les troubles de la personnalité sont aussi variés que les personnalités humaines, et dans chaque créneau, il existe des variations et des facteurs contributifs supplémentaires.

Le manque d'empathie pour les autres et le sentiment de supériorité au point de considérer les autres autour d'eux comme des objets répondant à leurs besoins peuvent conduire et conduisent parfois à des comportements violents et même à la mort. Il faut en être conscient, mais comprendre que la violence n'est pas un trait caractéristique du TPN.D'autres types de menaces peuvent être plus subtiles que des ultimatums ou des déclarations de changements majeurs si un narcissique n'obtient pas ce qu'il veut. Les menaces subtiles sont déroutantes, car elles impliquent généralement que la personne menacée abandonne quelque chose ou fasse un compromis sans même se rendre compte qu'elle a été manipulée dans cette situation.

Une menace subtile peut se présenter sous la forme d'une phrase du genre: "Pensez-vous que quelqu'un vous croira si vous lui dites?Lorsque je leur raconterai ma version des faits, personne ne vous croira" ou "Voulez-vous vraiment que je dise à tout le monde comment vous êtes vraiment?

Les menaces directes et les menaces voilées sont souvent utilisées pour jouer sur la peur et affirmer le contrôle de votre corps, de votre esprit et de vos croyances. Les menaces subtiles sont destinées à jouer sur votre insécurité sans être détectées comme un comportement inapproprié ou un abus. Toute personne qui a un narcissique dans sa vie ressent très probablement une certaine perte d'estime de soi et de confiance en soi, simplement parce qu'elle est entourée d'une forte personnalité qui est si exigeante et souvent rabaissante.

Les narcissiques s'appuient sur ces formes de manipulation, et sur d'autres styles, pour maintenir les gens autour d'eux concentrés sur leurs besoins. La manipulation est un outil involontaire utilisé par les narcissiques pour satisfaire leurs propres besoins et désirs aux dépens des autres. La première étape pour surmonter le traumatisme lié à une relation avec un narcissique est de comprendre que leur comportement ne vous concerne pas. Rien de ce qu'ils disent ou font ne vous concerne.

.

# 2: PARENTS NARCISSIQUES

## Le narcissisme chez un parent - Les signes à connaître

Dans un article de Preston Ni, MSBA, 10 Signs of a Narcissistic Parent publié dans Psychology Today, il énumère les dix signes les plus courants d'un parent narcissique:

Utiliser ou vivre à travers son enfant

· Marginalisation

· Grandiosité et supériorité

· Image de soi superficielle

·Manipulation

· Inflexibilité et irritabilité

· Manque d'empathie

· Dépendance et codépendance

· Jalousie et possessivité

· Négligence

Il est important de faire la différence entre la parentalité narcissique et la parentalité générale qui recoupe les traits narcissiques. Il n'est pas rare que les parents souhaitent que leurs enfants soient fiers d'eux. Les parents veulent que leurs enfants réussissent et aiment souvent se vanter de la réussite et des réalisations de leurs enfants auprès de leurs pairs. Certains parents aiment encourager leurs enfants à faire des activités qu'ils n'ont peut-être pas pu faire à l'adolescence, ce qui leur permet de revivre leur propre jeunesse par procuration. Les parents peuvent être sévères lorsqu'ils punissent leurs enfants, leur mettent la pression et ont parfois de grandes attentes. Cependant, dans la plupart de ces cas, les enfants sont encore autorisés à développer leur propre identité et à devenir des individus.

Avec un parent narcissique, ils ne donnent jamais à leurs enfants la possibilité de s'établir en tant qu'individus ou de devenir indépendants. Les enfants de narcissiques, même une fois devenus adultes, sont manipulés et utilisés uniquement pour servir les besoins narcissiques de leurs parents. C'est la différence sous-jacente dans l'éducation des enfants qui distingue les narcissiques des parents trop zélés.

Lorsqu'un parent utilise son enfant ou trouve un moyen de vivre par procuration à travers lui, ce n'est pas nécessairement une mauvaise chose. La plupart des parents veulent voir leurs enfants réussir et ils veulent partager quelque chose avec leur enfant, comme une activité aimée. Cependant, les parents narcissiques imposent leurs rêves à leurs enfants, les empêchant ainsi d'établir leurs propres souhaits et objectifs. Cela oblige l'enfant à devenir une extension du parent, et signifie que toutes les réalisations de l'enfant sont répercutées sur le parent narcissique. Cela répond à leur besoin d'adoration et de louange de la part des autres.

Dans une relation parent-enfant saine, les enfants sont encouragés à avoir leurs propres rêves, objectifs et désirs. Un parent peut présenter à un enfant quelque chose qu'il apprécie, mais si l'enfant ne montre pas d'intérêt, il est autorisé à explorer d'autres possibilités et intérêts. Avec des parents narcissiques, ils manipuleront leur progéniture dans des attentes qui ne profiteront qu'à leurs propres désirs égoïstes.

La marginalisation se produit si un parent narcissique a le sentiment que son enfant est une menace pour lui. Si le potentiel de leur progéniture peut éclipser le leur, un parent narcissique aura recours à des tactiques qui marginalisent les progrès de son enfant et les rendent moins importants. Les jugements, le rejet des réalisations d'un enfant et suppression de ses émotions sont autant d'exemples de la façon dont un parent narcissique peut marginaliser son enfant.

La grandeur et la supériorité qui sont des symptômes courants chez les narcissiques peuvent se manifester de deux manières différentes chez leurs enfants. L'une d'elles est que les enfants reprennent le faux sentiment de supériorité de leurs parents. Ils regardent leurs pairs de haut, s'attendent à recevoir des éloges et de l'adoration pour être "meilleurs", et développent des problèmes de comportement avec les figures d'autorité. D'autres enfants sont soumis au même traitement inférieur de toute personne qu'un narcissique juge indigne.

Les parents narcissiques aiment avoir une image superficielle d'eux-mêmes au reste du monde. Ils se servent de leurs enfants et de leur famille pour montrer à quel point leur vie est belle et leur famille enviable. Toute cette attitude est une tentative pour obtenir plus d'éloges et faire égoïstement en sorte que les autres envient leur vie. Malheureusement, il ne s'agit que d'utiliser leurs enfants d'une manière qui profite à leur propre image.

Être des maîtres manipulateurs est une pierre angulaire du TPN. Ils le font tous. Les parents aussi, et comme les narcissiques non-parents, la manipulation est rarement intentionnelle. Il s'agit de gagner ce dont ils ont besoin sans tenir compte de l'effet sur les autres.

Les tripes de culpabilité parentale des parents narcissiques comprennent la culpabilisation, le blâme, la honte, l'imposition d'attentes irréalistes, la manipulation émotionnelle, les comparaisons négatives avec les autres et les menaces par le biais d'une approche de récompense et de punition. Les narcissiques font miroiter l'amour au-dessus de la tête de leurs enfants en récompense de leur obéissance. Refuser l'amour devient une punition (Ni, 2016, 11).

Il y a eu des cas où des parents narcissiques ont fait de la micro-gestion de leurs enfants. Cette gestion est une tentative de contrôler chaque détail de la vie de leurs enfants. Si jamais un enfant sort un jour de cette attente inflexible, il peut être accueilli avec rage, punition sévère et irritabilité. Ces attentes peuvent être aussi obscures qu'un parent qui se met en colère contre son enfant parce qu'il a posé la mauvaise question au mauvais moment. L'attente est que l'enfant sache qu'il s'est mal comporté, et la réaction disproportionnée est que le parent narcissique est en colère de ne pas pouvoir contrôler chaque action de son enfant.

Comme les narcissiques manquent d'empathie, cela est également présent chez les parents narcissiques. Un enfant dont les parents sont narcissiques se fait rarement entendre ou voit rarement ses besoins satisfaits parce que son ou ses parents sont incapables de voir au-delà de leurs propres besoins. Il existe trois réponses à ce manque d'empathie chez les enfants. La première réponse est de se battre contre leurs parents. La deuxième réponse est de se cacher ou de fuir et de s'éloigner. La troisième réponse est un mécanisme de défense où ils créent une fausse identité qui est validée et qui peut aussi posséder des traits narcissiques (Ni, 2016, 16).

Les parents narcissiques peuvent manipuler leurs enfants pour qu'ils prennent soin d'eux pour le reste de leur vie, et ils le feront. Ils peuvent manipuler leurs enfants pour qu'ils les soutiennent financièrement ou s'attendent à ce qu'ils soient disponibles émotionnellement à tout moment, en les validant constamment.
Certains parents narcissiques peuvent même forcer leur progéniture à devenir codépendance, en l'utilisant pour valider et activer ses traits négatifs.Lorsque l'enfant d'un parent narcissique montre des signes d'indépendance ou d'identité personnelle en

développement, cela provoque de la jalousie. C'est particulièrement vrai en ce qui concerne les amis et les partenaires romantiques. Un parent narcissique peut insister pour approuver les amis avec lesquels ses enfants veulent passer du temps ou pour contrôler l'environnement dans lequel ses enfants se socialisent. Les partenaires romantiques sont soumis à un examen et un jugement particulièrement brutal de la part des parents narcissiques, car ils sont considérés comme remettant en cause la domination d'un parent sur son enfant.

Malheureusement, de nombreux enfants de parents narcissiques souffrent de négligence. Les narcissiques sont trop égocentriques pour se rendre compte que leurs enfants ont des besoins. La nouveauté de l'éducation des enfants peut s'estomper rapidement et devenir inintéressante. Un parent narcissique peut négliger les besoins émotionnels, mentaux et physiques de ses enfants, les trouvant gênants.
En outre, le manque d'empathie des narcissiques interfère avec leur capacité à comprendre qu'un enfant a des besoins, tels que l'interaction sociale et l'enrichissement mental.Si ces dix traits sont les plus courants chez les parents narcissiques, ils ne cohabitent toujours ensemble, et il y a toujours de la place pour des variations.

# Comment un parent narcissique affecte un enfant

En recourant à la manipulation et aux abus émotionnels et mentaux, ainsi qu'à la violence physique dans certains cas, les parents narcissiques sont capables d'affecter la croissance, le développement et la vie de leurs enfants, jusqu'à l'âge adulte.

Si vous avez été élevé par un narcissique, vous ne pourrez peut-être pas sortir du cycle ou du schéma tant que vous n'aurez pas obtenu une aide professionnelle.
Les enfants sont impressionnables. Dans leurs jeunes années, ils captent le goût des gens qui les entourent, comme un champignon ou du tofu. Avant d'avoir véritablement établi leur propre identité et leur propre personnalité, ils sont modelables. En général, à l'adolescence, les enfants sont encouragés à essayer de nouvelles choses, à explorer et à se fixer des objectifs et des rêves. Ces étapes de croissance aident l'enfant à devenir un adulte avec des ambitions, des aspirations et sa propre direction dans la vie.

Malheureusement, les parents narcissiques voient leurs enfants comme des outils, un moyen pour atteindre une fin, et cette fin est leur propre satisfaction. Pour cette raison, l'impact mental et émotionnel sur les enfants élevés par des narcissiques peut être préjudiciable. En cas de négligence et d'abus physique, les enfants peuvent être blessés, malades et, dans des cas extrêmes, mourir.

Les traits communs que les parents narcissiques utilisent sur et contre leurs enfants peuvent entraîner des comportements communs que les enfants commencent à afficher et qu'ils gardent souvent à l'âge adulte. Un enfant dont le parent narcissique les utilise pour réaliser ses propres rêves risque de ne jamais développer sa propre ambition de se fixer des objectifs de vie. Il pourrait être éternellement prisonnier de l'état d'esprit qui consiste à vivre selon les souhaits de ses parents. Si un enfant élevé par un ou plusieurs parents narcissiques est marginalisé, il risque de ne plus avoir confiance en lui, de perdre son estime de soi et d'être incapable de gérer ou de ressentir ses émotions de manière saine. Cela est particulièrement vrai si leurs réalisations et leurs émotions sont constamment invalidées et minimisées. À l'âge adulte, cela peut se transformer en problèmes de santé émotionnelle et mentale qui peuvent nécessiter une thérapie comportementale pour être traités.

Il n'est pas rare que des enfants élevés dans un environnement où un parent a un sens exagéré de la grandeur et de la supériorité expriment des attitudes reflétant cette nature supérieure. Cela peut les empêcher de construire des relations saines ou durables avec leurs pairs et leurs partenaires romantiques. Cela conduit également les enfants et les adolescents à se rebeller contre les figures d'autorité, pensant qu'ils sont meilleurs ou au-dessus des règles. Avec le temps, cela peut amener les jeunes adultes et les adultes à avoir du mal à garder leur emploi et à développer une carrière professionnelle, quelle qu'elle soit, et peut les conduire à mener une vie très solitaire et pleine de ressentiment.

Outre la supériorité que les enfants élevés par des narcissiques peuvent acquérir, l'image superficielle de la perfection et du bonheur peut aussi déteindre sur eux. En grandissant, les enfants qui ont toujours été au centre de cette perfection feinte peuvent devenir très vaniteux et, par conséquent, s'efforcer de conserver leur propre image superficielle pour le reste du monde. Malheureusement, aucune vie n'est parfaite, et peu importe à quel point la vie d'une personne est merveilleuse sur les médias sociaux ou à quel point elle semble étonnante chaque fois qu'elle est en public, il y a des mauvais jours et des mauvais moments qui ne sont pas vus.

Si un enfant est toujours sous le feu des projecteurs, il n'apprendra peut-être jamais que la perfection n'est pas une réalité.Ne pas pouvoir accepter que la perfection n'est pas une réalité peut conduire à des relations amoureuses qui s'effondrent dès le premier discussion, et à des jeunes adultes qui abandonnent et cessent d'essayer chaque fois qu'ils reçoivent un retour négatif ou ne réussissent pas immédiatement. L'idée que si ce n'est pas parfait, ça ne marche pas n'est pas utile en matière de croissance et de développement personnel.

Les enfants qui sont manipulés par leurs parents luttent pour devenir leur propre personne et trouver leur indépendance. Ils ne sont pas capables d'apprendre à se connaître et à connaître leurs propres émotions; toutes les pensées qu'ils ont à leur égard peuvent être excessivement critiques ou se déprécier.

Cette autocritique intense crée une mentalité dans laquelle ils ont l'impression de ne pouvoir rien faire de bien, qu'ils sont inutiles et qu'ils comptent sur leur parent narcissique pour prendre soin d'eux et prendre des décisions à leur place. Les manipulations que les parents narcissiques mettent en œuvre les mettent en position de pouvoir être facilement manipulés par leurs parents à l'avenir, mais aussi par toute autre personne qui découvrirait cette vulnérabilité en eux. Si un enfant est élevé par un parent narcissique, rigide et susceptible en matière de micro-gestion et de punition, il peut être soumis à des violences physiques comme forme de punition, ce qui entraîne des maladies et des blessures. Les punitions non physiques pour des attentes rigides ont également un impact sur les enfants et leur laissent un traumatisme qui se prolonge à l'âge adulte. Ils peuvent s'excuser exagérément auprès de toutes les personnes qu'ils rencontrent, acceptant instinctivement d'être blâmés chaque fois qu'un problème se pose. Ils pourraient ne jamais être prêts à essayer de nouvelles choses ou à sortir du cadre du calendrier rigide qu'ils se sont imposés.

Ils peuvent développer un attachement malsain aux règles et aux règlements et avoir besoin de quelque chose pour les guider afin de savoir comment ils doivent se comporter. Cela peut limiter la créativité et la capacité d'une personne à prendre ses propres décisions.
Les enfants qui sont élevés avec un manque d'empathie, résultat d'une éducation narcissique, peuvent développer l'une des trois réponses suivantes pour faire face à la situation. Un enfant peut apprendre à se battre, à s'en prendre à ses parents ou à d'autres personnes, et à se défendre.

Cela peut faire dégénérer les problèmes des parents narcissiques dans plusieurs directions et s'étendre à l'âge adulte, où ils ont l'impression de devoir constamment se battre pour être eux-mêmes. Une autre réponse est la réaction de fuite qui consiste à s'éloigner et à prendre une distance émotionnelle avec ses parents.

Malheureusement, la distance peut conduire à l'apathie ou à l'immaturité émotionnelle, ce qui entrave considérablement la capacité à avoir des relations normales. Une autre réponse est de se figer sur place, en créant leur propre personnalité validée. Cela crée une illusion dans laquelle les enfants peuvent se cacher.

Les parents narcissiques qui imposent une dépendance et une codépendance à leurs enfants contribuent à une vie d'adulte où les enfants sentent qu'ils doivent prendre soin de leur parent tout en permettant leur narcissisme. Les enfants et les adultes se sentent obligés d'être l'adulte ou le responsable et de prodiguer amour et soins à leur parent narcissique.

La possessivité et la jalousie deviennent un obstacle pour un enfant de parents narcissiques lorsqu'il s'agit de nouer des relations. Les narcissiques veulent être impliqués dans toutes les relations de la vie de leur enfant afin que personne ne puisse les "enlever", ou les défier pour obtenir de l'attention. Les enfants élevés par des narcissiques luttent particulièrement pour avoir des relations amoureuses qui ne sont pas constamment tendues par un parent narcissique.

Les enfants qui sont négligés de quelque manière que ce soit vont avoir des effets durables. Que la négligence soit physique et liée aux besoins fondamentaux de la vie, mentale et liée à l'éducation et à l'apprentissage, ou émotionnelle, les résultats sont des traumatismes durables qui peuvent se manifester de nombreuses manières.

La négligence physique peut entraîner des blessures, des maladies, de la malnutrition et même des difformités. La négligence mentale prive les enfants de la stimulation et de l'éducation nécessaires pour favoriser leur intelligence et leur croissance. Les enfants dont les besoins émotionnels sont négligés finissent par ne pas comprendre les émotions, deviennent trop nécessiteux d'émotions ou apathiques. Les effets de l'abus narcissique des parents à leurs enfants sont constamment présents dans leur vie d'enfant, d'adolescent et d'adulte. Il faut beaucoup de travail pour les identifier et les surmonter.

# Les narcissiques aiment-ils leurs enfants?

Les parents qui ont un TPN considèrent souvent leurs enfants comme une extension d'eux-mêmes, les utilisant pour renforcer leur propre image de soi gonflée. Mais les narcissiques peuvent-ils aimer leurs enfants? Considérés comme une extension d'eux-mêmes, les narcissiques peuvent-ils étendre à leurs enfants leurs propres sentiments à leur égard?

Comme les narcissiques manquent d'empathie et de compassion pour les autres, ils sont vraiment incapables de montrer un amour et une affection inconditionnels à qui que ce soit d'autre. Cela inclut, malheureusement, leurs enfants. Les parents narcissiques sont souvent absorbés par le fantasme d'être le parent parfait et d'élever l'enfant parfait. Deux résultats peuvent découler de ce désir fantaisiste.

Le premier résultat est qu'une mère ou un père qui a un TPN se désintéressera de son enfant s'il estime que celui-ci ne répond pas à ses attentes. C'est dans ces cas-là que la négligence est si courante. Non seulement un parent narcissique ne dispose pas des outils nécessaires pour être sensible et conscient des besoins de son enfant, mais il peut s'ennuyer avec un enfant qu'il ne considère pas comme capable de répondre à ses besoins, ce qui entraîne une négligence. La deuxième situation qui résulte du narcissisme des parents est celle d'un parent autoritaire et dominateur. C'est le cas des parents qui veulent se servir de leurs enfants pour améliorer leur propre image de soi. Là encore, incapables de sympathiser avec leur enfant, ils ignorent ses besoins pour lui imposer leurs objectifs et leurs désirs. Bien que ce type de parentalité narcissique puisse ressembler à une relation parent/enfant très affectueuse et engagée, elle est trompeuse.

Toute l'attention et l'affection que ces parents accordent à leur enfant ne viennent pas d'un lieu d'amour inconditionnel. Non, elle vient d'un lieu où l'amour et les louanges sont refusés si l'enfant ne répond pas aux attentes de ses parents à son égard. Un enfant dans cette situation est préparé à obéir, à respecter et à valoriser ses parents, même si aucun de ces sentiments ne lui est rendu par ceux-ci. Il s'agit d'une relation très unilatérale.Le problème sous-jacent dans une relation parent/enfant où le parent a un TPN est que le parent est émotionnellement déconnecté. Dans les cas où les enfants sont négligés, le parent narcissique est tellement déconnecté qu'il ne comprend pas que son enfant est même un être vivant ayant des besoins nutritionnels, physiques, émotionnels et mentaux.

Dans le cas d'un parent qui exerce un contrôle excessif, ces parents n'ont aucune idée que la pression qu'ils exercent sur leurs enfants est préjudiciable. Ils ne peuvent pas accepter que leurs enfants puissent avoir des rêves, des objectifs et des désirs qui leur sont propres, ou qu'ils puissent exister autrement que comme une extension d'eux-mêmes qu'ils peuvent utiliser. La réponse courte est non, les parents narcissiques ne sont pas capables d'aimer leurs enfants. Il s'agit d'un phénomène psychologiquement complexe, car le trouble de la personnalité du narcissisme empêche complètement les parents d'être empathiques, même envers leurs enfants. Plus complexe encore est la façon dont les enfants ne comprennent pas souvent que leurs parents sont incapables de les aimer.

Les enfants qui ont des parents narcissiques très impliqués sont probablement élevés dans la croyance que leurs parents les aiment et leur donneraient tout ce qu'ils veulent. Bien sûr, cela est à la condition que l'enfant fasse tout ce que ses parents veulent, se comporte exactement comme ils le veulent, etc. Un enfant élevé dans ces conditions, sans avoir les moyens de développer une saine compréhension de l'amour, ne sera pas capable de discerner un comportement narcissique de l'amour parental.

Il est conditionné à croire que l'amour et l'affection ont un prix. Les parents narcissiques peuvent être trompeurs. En raison du charisme naturel et du magnétisme apparent des narcissiques, ils ont tendance à exiger, ouvertement et subtilement, de l'attention et des éloges. Ils le font souvent en faisant tourner des fantasmes et en attirant l'attention d'autres personnes qui se sentent spéciales en leur présence. Cette même nature trompeuse peut également être utilisée sur leurs enfants, et il n'est pas rare que les enfants de narcissiques soient constamment entraînés dans les manipulations de leurs parents.

En fin de compte, il ne s'agit pas de savoir ce que les parents pensent de leurs enfants. Par la culpabilité, la marginalisation, des conditions basées sur l'affection et les louanges, et la codépendance, les narcissiques manipulent leurs enfants. Même si les narcissiques n'aiment pas et ne peuvent pas aimer leurs enfants, ils s'attendent à ce qu'ils le fassent en retour. Ce déséquilibre dans la réciprocité émotionnelle crée un environnement très déroutant pour l'éducation des enfants. Certains enfants élevés par des parents narcissiques peuvent-ils essayer de pousser leurs parents, ou les tester pour voir s'ils peuvent faire en sorte que leurs parents TPN les aiment?

Un enfant peut délibérément se mettre en danger pour tenter d'obtenir l'amour inconditionnel qu'il désire. L'espoir sous-jacent est qu'un parent narcissique les valorisera davantage lorsqu'il réalisera qu'il pourrait les perdre. Malheureusement, les vrais narcissiques ne peuvent être amenés à éprouver de l'empathie et de la compassion. Ils peuvent manifester une grande détresse en voyant leur enfant en danger, blessé ou presque mort, mais sous la surface, ce n'est qu'un spectacle superficiel pour montrer aux autres qu'ils sont le parent parfait.

Idéalement, un enfant qui est correctement socialisé et qui a des modèles de pairs et d'adultes positifs dans sa vie sera en mesure de développer des relations saines et de mieux comprendre l'amour, l'affection et une dynamique saine entre parents et enfants. Cela peut prendre un certain temps, mais avec les modèles appropriés, un enfant dont les parents sont narcissiques peut découvrir par lui-même que la façon dont ses parents le traitent n'est pas correcte.

Le fait de savoir n'atténue pas nécessairement les effets traumatisants d'être élevé par un parent narcissique. Cependant, il ouvre la porte à la guérison et à l'établissement d'une vie adulte quelque peu normalisée, séparée de celle de leurs parents. Par exemple, si un enfant a été élevé dans une famille dont les parents sont divorcés et qu'il n'a pas de couple "à long terme" dans sa famille ou à voir dans la famille de ses amis, il peut grandir avec l'idée qu'aucune relation ne dure et qu'il ne sert à rien d'être impliqué romantiquement ou d'avoir une famille.

En revanche, un enfant dont les parents sont divorcés mais qui a au moins un ou plusieurs couples autour de lui, qui sont mariés depuis longtemps et qui ont une dynamique familiale stable, peut faire l'expérience des avantages des relations amoureuses. Il a plus de chances de grandir avec le désir d'une relation amoureuse à long terme, d'un mariage et d'une famille à lui, car il a vécu des expériences positives qui lui ont fait voir que c'était possible.

On peut dire la même chose des enfants élevés par des narcissiques. Tous les enfants de parents narcissiques ne sont pas exposés à des modèles aussi positifs, ce qui peut entraver considérablement leur développement émotionnel à l'âge adulte. Alors que les narcissiques ne peuvent pas aimer leurs enfants, parce qu'ils n'en ont pas les capacités fondamentales, ils peuvent représenter un sentiment d'amour basé sur des conditions. Cela peut entraîner une grande confusion et des troubles comme le syndrome de stress post-traumatique complexe chez les adolescents et les adultes en pleine croissance.

## Qu'est-ce qu'un facilitateur narcissique?

Comme les parents narcissiques peuvent être très manipulateurs, en particulier envers leurs enfants, il n'est pas rare que les enfants ou même les conjoints deviennent codépendants et permettent le comportement d'un narcissique. L'habilitation se produit lorsque quelqu'un permet, et parfois encourage, un mauvais comportement ou des traits de caractère chez quelqu'un d'autre. Dans ce contexte, quelqu'un rend un narcissique capable de se nourrir de son ego et de le manipuler, ainsi que de ses autres comportements compliqués.

Tout le monde peut être un facilitateur: un membre de la famille, un ami, un enfant, un parent, etc. Un exemple de catalyseur dans un cas extrême pourrait être une mère qui fournit de l'argent à sa fille, sachant que celle-ci va utiliser cet argent pour acheter des drogues comme l'héroïne.

Dans une dynamique familiale, un conjoint, un partenaire ou un enfant est le plus souvent le catalyseur d'un narcissique. Une des tactiques utilisées par les narcissiques pour exploiter leur entourage est de créer des relations de codépendance. On parle de codépendance lorsqu'une personne dans une relation permet à une autre d'avoir un comportement, une dépendance, une santé mentale ou d'autres préoccupations malsaines. La personne qui est habilitée s'appuie sur la validation de son comportement et de ses actions. La personne habilitante est coincée dans un cycle, pensant qu'elle doit fournir cette validation pour obtenir l'affection ou l'acceptation de la personne qu'elle habilite.

Le fait d'avoir un conjoint ou un partenaire qui permet à leur partenaire narcissique de s'exprimer, surtout lorsqu'il y a des enfants, est particulièrement néfaste. Non seulement l'enfant souffre aux mains d'un parent narcissique, mais le coparent encouragera, et parfois même défendra, ce comportement. Cette dynamique de codépendance entre les parents crée un nouveau déplacement de pouvoir entre les enfants et les parents, et on sait qu'elle a des effets à long terme sur les enfants.Dans un partenariat où l'un est un narcissique qui a imposé une relation de codépendance avec l'autre, le non narcissique est très probablement très conditionné à répondre au narcissique d'une certaine manière. Lorsqu'un enfant est impliqué, le non narcissique est très probablement tellement pris au piège de sa propre relation malsaine qu'il ne peut pas défendre le bien-être de son propre enfant. Aujourd'hui, dans certaines situations, cet instinct parental est beaucoup plus fort et c'est l'ajout d'un enfant qui entraîne un changement positif dans la dynamique familiale. Voici un exemple de codépendance entre conjoints ou partenaires où l'un est narcissique et l'autre est un facilitateur: imaginez une situation où un enfant tente de se défendre face à ses parents narcissiques.

Les parents narcissiques peuvent réagir de manière plutôt explosive et même violente envers les enfants qui expriment une quelconque indépendance. L'habilitation du co-parent peut se manifester de différentes manières. Dans ce cas, une des manifestations de l'habilitation codépendante serait que le coparent regarde le parent narcissique infliger une punition sans intervenir pour défendre ou protéger son enfant. Un autre cas pourrait impliquer que le facilitateur parle à son enfant après coup, défende les actions du narcissique et aille même jusqu'à dire que l'enfant "sait mieux" que de tester son parent narcissique.Ce genre de narcissisme conjugal peut être très traumatisant pour un enfant. Il se sent seul, mal aimé, et comme s'il n'avait aucune famille à qui se confier ou faire confiance.

Ce qui est difficile à comprendre, et la plupart des enfants ne le comprendront pas avant l'âge adulte, c'est que, à moins que leur parent codépendant et habilitant ne souffre également d'un trouble mental majeur, ils sont autant victimes d'un comportement narcissique que l'enfant.

Un enfant peut aussi devenir un narcissique pour ses parents. Comme ils sont nés avec un narcissique, il est beaucoup plus facile pour un parent narcissique de modeler un enfant en un sujet parfaitement codépendant. Dès leur plus jeune âge, ils commencent à "former" leur enfant au comportement qu'il souhaite et à la manière dont il doit agir, et commencent à le manipuler. Ces comportements deviennent normaux pour les enfants, ce qui fait que les enfants commencent à défendre les actions de leurs parents parce que "c'est comme ça que les choses ont toujours été".

Lorsqu'un enfant d'un narcissique devient le facilitateur codépendant, il a beaucoup plus de mal à établir sa propre identité, sa carrière et ses relations. Ce sont eux qui vont finir par être manipulés pour qu'ils prennent soin de leur parent narcissique. Ils pourraient même avoir du mal à quitter la maison de leur parent, car les attentes en matière de soins émotionnels et financiers sont très élevées.

Les enfants qui se retrouvent coincés dans ces situations ne se rendent même pas compte à quel point ils favorisent le narcissisme. Pourtant, chaque fois qu'ils acceptent d'offrir un soutien financier, ou chaque fois qu'ils laissent leur parent narcissique affirmer son contrôle, ils laissent le schéma se poursuivre. Il est incroyablement difficile de sortir de la codépendance, c'est pourquoi elle peut se poursuivre jusqu'à l'âge adulte.

Les enfants peuvent manifester de plusieurs façons des tendances codépendantes et habilitantes envers des parents narcissiques. Comme les parents ayant un TPN ont tendance à être particulièrement sévères et critiques envers les partenaires romantiques dans la vie de leurs enfants, un enfant qui est narcissique défendra souvent les insultes de ses parents, les remarques sarcastiques et les tentatives évidentes de subversion de la relation avec son partenaire romantique.

Dans certains cas, l'habilitation est plus évidente en sait probablement plus long. Dans l'exemple d'une mère qui donne à sa fille de l'argent dont elle sait qu'il sera utilisé pour la drogue, la mère sait probablement que c'est mal. Cependant, elle rationalisera en pensant qu'elle ne peut pas laisser sa fille souffrir ou se faire du mal.

Elle sait que se droguer est mauvais pour sa fille et qu'à long terme, c'est pire, mais pour l'instant, elle ne veut pas voir son enfant souffrir. Lorsqu'il s'agit d'habilitation narcissique, la connaissance du bien et du mal est beaucoup plus faussée.

Étant donné que les narcissiques utilisent la manipulation comme principale tactique pour créer une codépendance et favoriser des comportements, un narcissique aura plus de mal à déterminer qu'ils sont utilisés et que leurs actions sont plus nuisibles. Parfois, cela est dû à des années de conditionnement émotionnel et mental. Dans d'autres cas, en particulier chez un parent narcissique, cela devient un mécanisme de défense. L'enfant commence à rationaliser, à normaliser et à accepter cette codépendance comme sa vie. C'est la seule façon pour lui d'interagir en toute sécurité avec son parent narcissique.

L'habilitation est malsaine, tant pour celui qui l'habilite que pour la personne habilitée.
Avec les narcissiques, elle alimente leur besoin d'être adorés et validés, c'est pourquoi ils utilisent la codépendance comme une forme de manipulation de leurs enfants.

# Signes d'abus narcissiques que vous avez subis

Chaque enfant élevé par un narcissique va avoir une vie différente. I
Is vont apprendre différents mécanismes d'adaptation, avoir des personnalités différentes et réagir différemment à leur situation. Les études psychologiques qui se concentrent sur les effets de l'abus narcissique chez les enfants font apparaître certains traits communs en ce qui concerne les caractéristiques qu'ils apportent à l'âge adulte. Même si certains traits sont remarquablement communs, cela ne signifie pas qu'ils se manifestent de la même manière.

Six signes courants sont associés à l'abus narcissique des parents:

• Vous êtes un bouc émissaire

• Vous craignez d'être narcissique

• Vous êtes compétitif et avez du ressentiment envers votre entourage, en particulier envers vos frères et sœurs

• Vous vous sentez plus comme un partenaire de vos parents que comme leur enfant

• •Vous vous concentrez sur vos accomplissements et vos réalisations en tant que valeur personnelle

• Vous n'avez aucune idée de vous-même; vous n'avez ni rêves, ni objectifs, ni désirs qui vous sont propres

La notion de "pushover" ou de "paillasson" est utilisée lorsque vous vous excusez constamment pour des choses dont vous n'êtes pas responsable ou qui n'exigent pas d'excuses. C'est le résultat de l'inflexibilité que les narcissiques expriment lorsqu'ils élèvent leurs enfants ainsi que de la mise en œuvre de la culpabilité émotionnelle. Les enfants qui sont élevés dans un environnement où la culpabilité émotionnelle et les menaces sont utilisées de manière excessive pour les manipuler développent une nature trop apologétique. Ils ont été conditionnés et élevés dans la conviction que leurs actions devraient les faire se sentir coupables et qu'ils devraient s'excuser pour eux.

Plus que cela, être élevé par un narcissique leur laisse le sentiment que leurs besoins ne sont pas importants. Le manque d'empathie d'un narcissique ne cesse de détruire la confiance et la compréhension qu'a l'enfant de ses besoins personnels.
À l'âge adulte, cela se manifeste par des excuses ou par le fait de laisser les autres "vous marcher dessus".

Lorsque vous êtes élevé à penser que vos besoins et vos désirs n'ont pas d'importance, cela devient un schéma de pensée régulier.

Il n'est pas rare que des enfants élevés par des narcissiques absorbent et adoptent certains traits narcissiques. Cela est particulièrement vrai pour l'image superficielle et égocentrique de la perfection. Les médias sociaux facilitent la représentation de la vie parfaite et fantaisiste grâce à des photos et des statuts faciles à télécharger. Comme certains de ces traits sont transférables, les enfants qui les acquièrent auprès de parents narcissiques pourraient en venir à croire qu'ils sont eux aussi narcissiques.

Bien qu'il soit possible pour les enfants élevés par des narcissiques de développer également un TPN, si vous craignez d'être narcissique, vous ne l'êtes probablement pas. Les narcissiques n'aiment pas admettre que quelque chose ne va pas chez eux, car cela brise l'illusion de la perfection. Il serait très rare qu'un vrai narcissique se demande s'il est narcissique, d'autant plus que ce terme s'accompagne de tant de négativité dans la société actuelle.

Étant donné que les parents narcissiques utilisent des tactiques telles que la marginalisation, les comparaisons et les attentes élevées, ainsi que l'utilisation de l'amour et des éloges pour récompenser ou le retenir en guise de punition, les parents narcissiques peuvent créer un grave sentiment de compétition chez leur progéniture. Les enfants de narcissiques peuvent devenir compétitifs avec leurs frères et sœurs ou leurs pairs, ayant toujours besoin d'être "meilleurs" qu'eux parce qu'ils ont été élevés en croyant qu'ils sont supérieurs.

Avec les frères et sœurs, les narcissiques sont incapables d'encourager une relation saine. Par conséquent, les méthodes qu'ils utilisent pour manipuler leur progéniture peuvent créer du ressentiment et de la concurrence entre les frères et sœurs. Si un enfant est négligé alors que l'autre est utilisé pour satisfaire les désirs des parents, cela peut favoriser la concurrence et le ressentiment. Afin de garder l'attention sur eux-mêmes, les narcissiques peuvent manipuler les frères et sœurs pour qu'ils entrent en compétition les uns avec les autres et deviennent ainsi le centre de leur attention. Malheureusement, ce ressentiment et cette nécessité de rivaliser peuvent se répercuter à l'âge adulte, non seulement avec les frères et sœurs, mais aussi avec les pairs, les partenaires romantiques, les amis et les collègues de travail.

En raison de la codépendance et du besoin des parents narcissiques de faire en sorte que leurs enfants leur prêtent attention, il n'est pas rare que les enfants deviennent des aidants pour leurs parents. Ils peuvent assumer la charge financière de leur parent: faire leurs courses, payer leurs factures ou subir des pressions pour obtenir un bon emploi afin de pouvoir subvenir aux besoins de leur parent. Ce renversement des rôles fait de l'enfant un partenaire de son parent.

Les parents narcissiques peuvent également demander un soutien émotionnel à leurs enfants. Ils attendent de leurs enfants qu'ils soient disponibles à tout moment afin qu'ils puissent leur confier leurs problèmes et recevoir satisfaction et validation. Là encore, le fait d'être dans un rôle de soutien émotionnel place les enfants dans un rôle de partenariat plutôt que de maintenir une relation enfant-parent. De nombreux narcissiques se valorisent en fonction de leurs réalisations notables et de ce qu'ils considèrent comme des réalisations qui contribuent à leur image. On attend généralement des enfants de narcissiques qu'ils portent ce manteau, étant une extension des grandes réalisations et des accomplissements pour nourrir l'ego de leurs parents narcissiques et leur besoin de louanges.

Lorsqu'un enfant réussit, une partie de l'abus narcissique consiste à ce qu'un parent offre des éloges et de l'amour pour un enfant dans ses réussites. Apprendre dès le plus jeune âge que le succès et l'accomplissement sont la façon dont on reçoit de l'amour. De nombreux enfants de narcissiques se fixent des attentes élevées et ont des désirs presque irréalistes de réussir dans tous les aspects de leur vie.

Les parents narcissiques n'aiment pas que leurs enfants aient leur propre indépendance ou identité. Cela signifie qu'en dehors des attentes, des rêves et des objectifs de leurs parents, les enfants élevés par des narcissiques n'ont généralement pas la chance de se développer. En tant qu'adultes, ils peuvent être très confus sur leur identité en tant qu'individus. Au-delà de cette confusion, il se peut qu'ils n'aient pas d'ambitions ou de rêves qui ne leur aient pas été donnés par un parent. Même s'ils réussissent dans les domaines que leur parent narcissique souhaite, il est probable que ces adultes ressentent un vide ou un manque d'épanouissement dans leur vie. Ne pas avoir d'identité personnelle conduit à la stagnation et à l'incapacité de grandir ou de changer. Si vous n'êtes pas connecté à vous-même et à vos propres désirs, alors il n'y a aucun moyen pour vous d'avoir une direction dans la vie.

Si vous pensez, ou savez, que vous avez été élevé par un narcissique, vous pouvez peut-être vous identifier à certaines de ces caractéristiques. Il peut être difficile de guérir, de passer à autre chose et de surmonter ces traits qui sont ancrés dans votre psyché et votre comportement depuis l'enfance. Souvent, une thérapie de différents types est nécessaire pour changer et retrouver le chemin de la guérison. Il est essentiel de savoir et de comprendre pourquoi vous agissez ou ressentez une certaine façon de faire pour découvrir les meilleurs moyens de surmonter ces épreuves et ces complications.

## Trouble de stress post-traumatique complexe (TSPT)

Qu'est-ce que le syndrome de stress post-traumatique complexe et en quoi diffère-t-il de son homologue plus connu, le syndrome de stress post-traumatique?

Le SSPT est classé comme un trouble anxieux qui résulte de l'expérience ou du témoignage d'un événement traumatique. Les femmes qui sont agressées sexuellement forment souvent un TSPT, tout comme les vétérans de guerre qui ont combattu dans des guerres et ont vu et fait des choses horribles. Survivre à une catastrophe naturelle ou à un accident est également une source bien connue de SSPT.

Le TSPT est un trouble anxieux et une réponse à un traumatisme qui est le résultat d'événements traumatiques répétés. Une personne exposée aux mêmes traumatismes pendant des mois et des années est susceptible de développer un TCTSD. Bien qu'il ne soit pas aussi bien documenté ou accepté que le SSPT, il est de plus en plus reconnu au sein de le monde de la psychologie.

La principale différence entre le SSPT et le TSPT est que l'un d'entre eux provient de l'impact d'un seul événement qui entraîne un traumatisme et de l'anxiété. L'autre est l'exposition à des événements traumatisants et abusifs répétés qui se superposent avec des réactions d'anxiété et de traumatisme. Les symptômes des deux maladies sont similaires, mais le TSPT se distingue par certains symptômes ainsi que par des formes de traitement et de thérapie. Le TSPT étant un trouble à plusieurs niveaux avec une exposition à long terme aux événements, il peut être beaucoup plus difficile à surmonter.

Les symptômes du TSPT qui se recoupent avec le SSPT comprennent le fait de revivre le traumatisme par des flashbacks et des cauchemars, d'éviter les situations et les activités qui déclenchent une réaction au traumatisme, un changement dans la façon dont vous vous sentez par rapport à vous-même ainsi que par rapport aux autres. Ces changements sont souvent négatifs et entraînent une baisse de l'image de soi et un manque de confiance en soi. L'hyperexcitation est un symptôme commun, où l'esprit est constamment en alerte et le corps est nerveux, constamment en mode combat ou fuite. Les symptômes somatiques sont également un symptôme commun avec le SSPT et le TCCT. Les symptômes somatiques se manifestent lorsque le corps développe des symptômes physiques sans raison de santé sous-jacente.

Les symptômes du TSPT qui diffèrent du TSPT plus connu comprennent une incapacité à réguler les émotions. Les émotions peuvent se manifester par une colère incontrôlable, une tristesse accablante et se manifester à tout moment. Les changements de conscience peuvent protéger l'esprit en oubliant certaines parties de l'événement traumatique et en bloquant les souvenirs qui y sont associés. Cela peut également conduire à une dissociation de la réalité.

Les relations peuvent devenir problématiques. Il ne s'agit pas seulement de relations romantiques, mais aussi d'amitiés et de relations familiales. Certaines personnes souffrant de TCDT peuvent éviter les relations parce qu'elles ne savent pas comment interagir avec d'autres personnes de manière confortable. D'autres peuvent rechercher délibérément des relations malsaines, en cherchant des personnes qui les blessent ou les utilisent. Après des années d'abus et de traumatisme, trouver quelqu'un pour continuer le cycle est souvent considéré comme "normal" pour un esprit atteint de TCDT.

Un autre symptôme de la TCDT est une perception déformée de votre agresseur. Cela peut se manifester de plusieurs manières. Il peut y avoir une composante presque obsessionnelle dans le fait d'être préoccupé par la relation entre vous et votre agresseur. D'autres manifestations malsaines peuvent consister à chercher à se venger d'un agresseur ou à comploter pour se venger de lui.

La perte des systèmes de signification est un autre symptôme de la TCDP. Cela se produit lorsque le traumatisme vécu amène une personne à abandonner ses croyances spirituelles, religieuses ou autres croyances significatives. L'impact est si profond qu'il perd la foi dans ce qui était autrefois le plus important pour lui. Comme pour tous les troubles et affections liés à la santé mentale, les symptômes et les effets du TSPT varient d'un individu à l'autre.

Les principales causes du TCDP sont les abus physiques, émotionnels ou sexuels subis pendant l'enfance, la négligence, le fait de vivre dans une région qui est une zone de guerre à long terme et le fait d'être prisonnier de guerre. Il existe de nombreux autres scénarios dans lesquels les personnes peuvent subir un traumatisme à long terme, mais ce sont les plus documentés en ce qui concerne le TCDP.

Malheureusement, les effets de la TCDP peuvent entraîner des complications supplémentaires dans la vie de toute personne qui en souffre. Ces complications peuvent se présenter sous la forme d'une dépression et d'une anxiété graves. Il peut également y avoir des traits de personnalité hérités. Il s'agit d'une altération drastique du tempérament qui est bien différente de ce que la personnalité de base pourrait suggérer.

De plus, la TCDP peut en fait modifier le fonctionnement de l'esprit, en affectant la production d'hormones et de substances neurochimiques en réponse aux événements. Cela modifie également la façon dont le cerveau peut traiter et gérer le stress et les émotions extrêmes. Toute personne souffrant de TCCP aura très probablement des changements de style de vie drastiques qui auront un impact sur sa capacité à former des relations, à garder un emploi et à fonctionner dans la vie de tous les jours.

Un diagnostic de TCDP doit être posé par un professionnel de la médecine psychologique. Il s'agit d'un trouble encore assez nouveau dans le milieu de la santé mentale, et il peut souvent être mal diagnostiqué comme un SSPT au début. Si des traitements pour le SSPT ou des symptômes supplémentaires font surface, alors un diagnostic de TCCT sera très probablement envisagé. En général, un trouble comme le TSPT n'est pas seulement diagnostiqué sur la base de symptômes, mais aussi sur la base d'événements et d'expériences qui ont entraîné de tels symptômes.

Les traitements pour le TSPT comprennent la psychothérapie, la désensibilisation et le retraitement des mouvements oculaires (EMDR), et avec des médicaments.

La psychothérapie est une forme de thérapie par la parole qui comprend une thérapie comportementale cognitive. Elle peut être efficace dans un cadre individuel ou en tant que thérapie de groupe. L'objectif de la psychothérapie est de découvrir les racines et les sources du traumatisme qui a conduit aux symptômes et aux comportements. Étant donné que le TSPT est complexe à bien des égards, la psychothérapie pour le TSPT a pour résultat de séparer les réponses au traumatisme couche par couche jusqu'à ce que la cause sous-jacente puisse être découverte. Une fois la cause identifiée, les thérapeutes et les psychologues peuvent proposer des techniques d'adaptation et des étapes utiles pour commencer à surmonter le traumatisme.

L'objectif de l'EMDR est essentiellement de vous désensibiliser aux traumatismes passés, et donc de supprimer les réactions traumatiques qui sont des symptômes du TCDT. Il existe différentes approches de l'EMDR, mais la plus courante consiste à demander à un thérapeute ou à un médecin de vous demander de réfléchir à un événement traumatisant. Pendant que vous vous remémorez l'événement, ils vous feront bouger les yeux d'avant en arrière. Au fil du temps, les souvenirs sensibles ne causent pas autant de stress.

Bien que l'efficacité de l'EMDR fasse encore l'objet d'un débat au sein de la communauté médicale, il est toujours recommandé pour le traitement des symptômes du SSPT.

Parfois, l'utilisation de médicaments prescrits est nécessaire pour traiter les symptômes du TSPT. S'il y a une manifestation de dépression et d'anxiété, les médicaments peuvent être utiles pour garder sous contrôle les symptômes supplémentaires. En cas de problèmes d'émotions non maîtrisées, ou même de pensées suicidaires, les médicaments peuvent soulager le corps et l'esprit, tandis que d'autres méthodes sont utilisées pour traiter le TSPT.

Étant donné que les enfants élevés par des narcissiques sont exposés à des abus à long terme tout au long de leur enfance, de leur adolescence et même à l'âge adulte, le développement de la TCDT est nettement plus fréquent. Avec le développement du champ psychologique et la reconnaissance de la TCDT comme un nouveau trouble, les perspectives de traitement et de rétablissement sont de plus en plus prometteuses.

## Quels facteurs prédisent si un enfant deviendra narcissique?

Bien que la cause réelle du TPN soit encore indéterminée, certains facteurs ressortent plus que d'autres comme étant des prétendants aux indicateurs d'un enfant devenant narcissique. Il existe des facteurs biologiques, environnementaux et génétiques qui peuvent tous contribuer au développement du TPN.

Cependant, certaines indications environnementales sont connues pour conduire à des comportements narcissiques qui nuisent aux enfants qui deviennent des adultes narcissiques.

Dans la société actuelle, qui met l'accent sur la présence en ligne par le biais des médias sociaux, des achats en ligne et de la création d'une image de soi parfaite, on assiste à une explosion des comportements narcissiques dans le monde entier. Ce phénomène est principalement axé sur la génération du millénaire et les générations qui l'ont suivie. À l'ère de la technologie avec les smartphones, les plateformes de médias sociaux et les algorithmes qui adaptent une expérience en ligne exactement à ce que l'individu veut, c'est devenu une société très "regardez-moi, regardez-moi".

Les enfants reçoivent des smartphones à un jeune âge et deviennent obsédés par l'idée de prendre des selfies, puis de les mettre en ligne. Ils recherchent constamment l'approbation et l'admiration de leurs pairs, et même de parfaits étrangers. L'idée d'être une sensation sur YouTube ou Instagram ou une "célébrité locale" se développe chez les adolescents et les jeunes adultes. Tout le monde veut être sous les feux de la rampe et se sentir envié.

Grâce à l'utilisation fréquente des médias sociaux, il est facile pour les gens de comparer leur vie à celle des autres. Même si l'image en ligne est très probablement superficielle et ne reflète pas la réalité, il est difficile d'en tenir compte. Les enfants commencent à exiger des smartphones, des tablettes, des vêtements de marque, des chaussures de luxe et tout ce qu'ils voient que leurs amis ont en ligne. Les parents cèdent et créent un cycle de reproduction de narcissiques qui engendrent des narcissiques.

Bien sûr, ce phénomène va bien au-delà des seuls médias sociaux et se vend. Les sites d'achat en ligne ont développé des algorithmes qui se connectent aux historiques des moteurs de recherche. Ainsi, lorsque quelqu'un se connecte à une plateforme d'achat en ligne, ses "articles suggérés" se synchronisent avec ce qu'il a récemment regardé en ligne. Chaque fois que quelqu'un va en ligne, ces informations sont stockées et utilisées pour personnaliser l'expérience en ligne. Ainsi, les gens s'attendent à ce que chaque expérience qu'ils ont vécue soit personnalisée.

Ce genre d'attente égocentrique se retrouve dans la vie de tous les jours. Les cafés tels que Starbucks proposent un grand nombre d'options différentes pour le café: chaud, glacé, froid, avec de nombreuses options différentes pour le lait, faible en matières grasses, entier, au soja, aux amandes, et même différents types de shots de saveurs comme le caramel, le moka, la cannelle, etc. Chaque personne peut avoir sa propre boisson personnelle, ce qui donne le sentiment d'être unique et spécial. Le besoin va bien au-delà du simple café.

Ces adolescents deviennent des adultes à part entière, qui ont le sentiment de mériter plus que ce qu'ils ont gagné ou travaillé. La main-d'œuvre souffre parce que la majorité des jeunes esprits qui y entrent veulent des salaires plus élevés dans les postes de départ, plus élevés que ceux des autres personnes de l'entreprise qui y travaillent depuis des années. Ils veulent un traitement spécial, une reconnaissance et une valorisation, sans comprendre que ces salaires sont censés être gagnés.

Là où l'on mettait l'accent sur le travail acharné pour gagner de l'argent, on apprenait aux enfants à respecter les figures d'autorité et les principes de responsabilité. Avec l'émergence des médias sociaux et d'une société de consommation, ces valeurs ont été faussées. Aujourd'hui, les parents apprennent à leurs enfants qu'ils sont spéciaux, et les enfants présentent ensuite cette mentalité au monde entier. On n'attend pas des enfants qu'ils respecent leurs pairs, ce qui conduit à des brimades qui peuvent être très néfastes.

On n'attend même pas d'eux qu'ils respectent leurs professeurs ou d'autres adultes, car ce respect est tellement ancré dans leur esprit qu'ils sont uniques et méritent des louanges ou de l'adoration. La façon dont la technologie et le besoin d'être vu et adoré ont perpétué la vie des jeunes générations a créé un manque général d'empathie et de compassion. Les gens ne sont plus encouragés à s'entraider ou à être généralement humains les uns envers les autres. C'est une société très égoïste et intéressée. L'accent est mis sur la richesse, les objets matériels et le gain personnel, ce qui sépare les gens les uns des autres, créant ainsi un fossé beaucoup plus grand que l'empathie et la compassion disparaissent.

L'émergence de ces attentes égoïstes, superficielles et égoïstes rend presque impossible d'être considéré comme ayant réussi, ou de réussir professionnellement, sans être narcissique. L'époque de la société actuelle est devenue le rêve des narcissiques. Un modèle de progression narcissique s'amorce, qui ne fait qu'accroître le nombre de narcissiques. Comme tout le monde est un peu narcissique par nature, et que cela est considéré comme une partie naturelle de la croissance et du développement de l'homme, ces traits existent déjà. La plupart du temps, cet état d'esprit égocentrique est dépassé, mais lorsque la société est orientée vers un comportement narcissique, il est moins probable que le narcissisme s'efface. Il devient la personnalité dominante et acceptée. Alors, quels sont les traits et les facteurs qui prédisent si un enfant deviendra narcissique? Les facteurs qui peuvent être prédits sont l'environnement, le type de cadre familial et la société. Certains de ces facteurs environnementaux ont un impact plus important que d'autres. Par exemple, les facteurs sociétaux ont un impact très important, surtout lorsqu'une génération entière est exposée. De plus, il existe des preuves qui suggèrent que la génétique joue un rôle dans le développement de traits narcissiques. Bien que ce ne soit pas un fait avéré, le fait d'être élevé par des parents narcissiques peut conduire au développement de comportements narcissiques. Que ce soit dû à l'éducation (par opposition à la nature), à une prédisposition génétique ou aux deux, il est difficile de le déterminer avec précision. La neurobiologie a également été supposée jouer un rôle dans le développement des traits narcissiques. Comme le narcissisme découle souvent d'une estime de soi intense et profondément faible, construire l'illusion de la grandeur peut être une méthode extrême de gestion du stress. La gestion du stress est souvent dictée par les hormones et les voies neurales du cerveau.

Dans la communauté psychologique, il n'y a pas de facteurs absolus qui conduisent au TPN ou à des comportements narcissiques. Les troubles de la personnalité chez les enfants sont incroyablement difficiles à diagnostiquer. La plupart des psychologues ne dépistent ou ne testent même pas les troubles de la personnalité d'un enfant avant l'âge de 18 ans, tant sa personnalité est impressionnable et en pleine évolution.

Cela ne veut pas dire qu'il n'y a pas quelques signes d'alerte qui peuvent être indicatifs. Comme il n'existe pas de facteurs génétiques quantifiables ou de gènes directement liés au narcissisme, et comme la neurobiologie est si complexe et variable, les meilleurs indicateurs se trouvent dans l'environnement dans lequel un enfant est élevé. Deux enfants qui sont élevés dans des situations très similaires et qui partagent une génétique proche peuvent se révéler totalement différents. C'est le cas des frères et sœurs qui sont élevés dans un foyer violent et qui suivent des parcours différents dans leur vie.

L'un peut aller à l'université et avoir une carrière tandis que l'autre se retrouve sans abri. On ne sait pas pourquoi chaque enfant est différent. On peut dire la même chose de la tentative de déterminer les enfants susceptibles de devenir narcissiques.

# 3: MÈRES NARCISSIQUES

## Traits communs des mères narcissiques

Si les parents narcissiques partagent certains traits communs en général, certains traits sont plus fréquents chez les mères ou les pères. Les mères narcissiques emploient des méthodes drastiques de va-et-vient qui entraînent un coup de fouet psychologique et émotionnel pour leurs enfants. Ce va-et-vient est largement dû à la façon dont une mère narcissique se présente aux autres personnes par rapport à la façon dont elle est à la maison. Elle peut être charismatique, amicale et sympathique en public, mais critique, insultante et dominatrice à la maison.

Les mères narcissiques sont souvent sociables en apparence. Elles donnent un air de confiance, de réussite, et agissent comme si tout dans leur vie était parfait et sans faille. Tout ce qu'elles font semble facile: travailler soixante heures par semaine, posséder une maison somptueuse, être membre de l'association des parents d'élèves et sembler participer à la vie de leurs enfants. Les mères narcissiques semblent être capables de tout faire et de faire paraître tout cela si simple! Leurs amis, collègues et autres parents les adorent et peuvent même être envieux de voir à quel point une mère narcissique fait paraître sa vie simple et parfaite.

Le seul problème, c'est que tout cela n'est qu'une image, une image de soi gonflée qui n'a rien à voir avec ce qu'est vraiment une mère narcissique. À la maison, un enfant élevé par une mère narcissique sait faire la différence. La mère est critique, en colère et exigeante. Ce visage de bonheur parfait et d'aisance constante disparaît. Elle utilise une tactique abusive de retenue pour rendre ses enfants dociles, dépendants et peu sûrs d'eux, tout en les forçant à lui témoigner leur gratitude et à le féliciter.

Il convient de noter que le succès cela ne veut pas dire le narcissisme. La plupart des femmes orientées vers la carrière et qui réussissent financièrement ne sont pas narcissiques. Les mères extraverties et impliquées ne sont pas non plus automatiquement narcissiques. Ces traits sont courants chez une mère narcissique, mais ils ne sont pas déterminants. La principale différence entre les mères en bonne santé et les mères narcissiques réside dans la façon dont elles se comportent à la maison.

Lorsqu'une mère narcissique rentre à la maison, elle voudra contrôler ses enfants et les micro-gérer. Une mère en bonne santé rentre à la maison pour soutenir et élever ses enfants. Lorsqu'elles sont à la maison, les mères narcissiques continuent à avoir besoin et à exiger de la gratitude, de l'affection et de l'attention, même au détriment des besoins de leurs enfants. Les mères narcissiques manquent d'empathie à l'égard de leurs enfants et sont irritées par toute forme d'indépendance que leurs enfants pourraient essayer de gagner pour eux-mêmes. Une mère narcissique a toujours raison, car elle doit avoir raison.

Lorsque la mère narcissique, engagée et adorée du public, rentre à la maison, son sourire s'efface. Elle s'écarte de cette image "parfaite" et devient contrôlante, manipulatrice et avilissante envers ses propres enfants, ainsi qu'envers un partenaire romantique s'il y en a un dans l'image. Ce changement peut être très déroutant pour les adolescents et n'est pas entièrement compris avant l'âge adulte dans la plupart des cas.

Les mères narcissiques dépendent fortement de la manipulation pour le contrôle. Elles attendent de vous que vous fassiez ce qu'elles veulent quand elles le veulent, et si vous ne le faites pas, elles vous insulteront, vous rabaisseront et vous dégraderont. Chaque fois que vous ne répondez pas aux besoins de la mère ou que vous ne faites pas ce qu'elle veut pour lui faire croire que ses besoins sont de la plus haute importance, alors ses attaques vont prendre la forme de critiques vicieuses.

L'une des phrases de manipulation préférées d'une mère narcissique peut ressembler à: "Si tu m'aimais vraiment, tu ferais ce que je veux. Si tu ne le fais pas, tu ne m'aimes pas". Elle est facilement offensée et se sentira coupable si elle n'obtient pas ce qu'elle veut. Elle vous accusera souvent de ne pas l'aimer, de ne pas l'apprécier ou de la tenir pour acquise.

Comme une mère narcissique a une image à suivre, vous pourriez la voir être amicale en public. Ensuite, lorsque vous rentrerez chez vous, vous entendrez tout ce qu'elle a à dire de négatif sur une personne avec laquelle elle souriait et avec laquelle elle était d'accord plus tôt dans la journée. Votre mère est obstinée, mais pas au détriment de son image superficielle.

Les mères narcissiques vont trouver des défauts tout ce que vous faites qui ne leur plaît pas. Elles vous rabaisseront et vous insulteront, et même si vous vous donnez beaucoup de mal pour arranger les choses, vous n'obtiendrez jamais de reconnaissance pour cela. Les excuses ne signifient rien et ne seront jamais suffisantes. Les actions visant à compenser ce que vous avez fait de mal aux yeux de votre mère ne seront pas non plus suffisantes.

Tout le monde apprécie les éloges et l'approbation à un certain niveau. Les enfants ne font pas exception. Cependant, comme les mères narcissiques manquent d'empathie, vous ne recevrez pas d'éloges de leur part. Au contraire, elle minimisera vos réalisations ou vos réussites, à moins qu'elles ne viennent directement flatter son propre ego. Elle vous rendra anxieux par son manque d'éloges et la marginalisation constante de ce que vous faites.

Si vous avez été élevé par une mère narcissique, vous savez que la mère doit être le centre d'attention à tout moment. Elle s'attendra à ce que vous l'aimiez, l'adoriez, l'inondiez de compliments, preniez soin d'elle et l'attendiez avec tous ses besoins. Elle ne retourne jamais aucun de ces sentiments ou faveurs, car pour elle, elle est la seule qui compte. Cette attente est entièrement unilatérale, ce qui peut engendrer du ressentiment ainsi que des sentiments de manque d'estime de soi et de confiance en soi chez les enfants. Le sentiment constant qu'ils n'ont pas d'importance leur fait croire qu'ils n'ont pas d'importance. Les mères narcissiques sont très douées pour donner à leurs enfants le sentiment qu'ils ne comptent pas.

Le nœud de la situation est que chaque humain est biologiquement programmé pour vouloir et rechercher l'affection maternelle. Un enfant élevé par une mère narcissique qui est privé de cette affection ou qui reçoit des louanges et de l'affection à titre conditionnel, va développer de nombreux problèmes émotionnels et mentaux qui se prolongeront à l'âge adulte. La plupart des enfants qui découvrent qu'ils ont été élevés par une mère narcissique continuent à rechercher son approbation et son affection, sachant même à un certain niveau qu'elle ne peut pas les donner.

Les mères narcissiques sont des maîtres manipulateurs lorsqu'il s'agit de jouer sur les émotions, les vulnérabilités et les insécurités de leurs enfants. Elle se normalise dans la dynamique familiale. Les mères narcissiques utilisent également la manipulation émotionnelle pour monter les membres de la famille les uns contre les autres afin de rester le centre d'attention et celui qui reçoit le plus d'amour et d'affection. Les frères et sœurs se disputent, se confient à la mère et lui offrent leur amour tout en nourrissant du ressentiment pour leurs frères et sœurs. Si les frères et sœurs ou un enfant et son père tentent de créer un lien plus étroit, les mères narcissiques peuvent devenir jalouses et tenteront encore de nuire à cette relation.

Les mères narcissiques comptent beaucoup sur la manipulation émotionnelle pour se contrôler. Elles recherchent l'adoration et la validation de leur foyer et de sources extérieures également.

# Père habilitante

Comme il est difficile pour les narcissiques d'entretenir des relations à long terme, il n'est pas rare que les pères soient absents lorsqu'une mère narcissique est impliquée. Un père absent devient un facilitateur par son évitement. Ce père peut n'être que partiellement impliqué dans la vie de ses enfants, ou peut avoir complètement disparu. Bien qu'il n'habilite pas délibérément la mère narcissique, son manque d'action est considéré comme une sorte d'habilitation.

Un père qui n'est pas du tout dans le coup n'a évidemment pas la possibilité d'influencer la vie de ses enfants. Il peut être béatement ignorant, loin des yeux, loin du cœur, pour ainsi dire. Même s'il s'occupe toujours de ses enfants et qu'il doit simplement être le plus éloigné possible de la mère narcissique, il continue à nuire à ses enfants en leur permettant de rester sous la garde complète d'une mère narcissique et en n'étant pas là pour leur donner un semblant de normalité ou de positivité.

Un père à temps partiel qui sait que ses enfants sont avec une mère narcissique a la capacité d'être un modèle positif pour ses enfants. Cependant, il n'est pas rare, étant donné la nature contrôlante des mères narcissiques, que la mère manipule ses enfants contre leur père. Cela crée un fossé où les enfants peuvent ne pas respecter leur père, penser qu'il est faible ou lui en vouloir. Une mère narcissique n'acceptera pas que son père soit parti à cause d'elle, et les enfants.

En tant que parent à temps partiel, la capacité à influencer ses enfants sera limitée. Sans compter qu'il est difficile de rivaliser avec les illusions égocentriques d'une mère narcissique, surtout lorsque les enfants y adhèrent. Ce type de père est un facilitateur dans le sens où il est présent, mais il ne change pas la situation de la garde. En permettant aux enfants de rester avec la mère, et en permettant à la mère de continuer à les traiter, il est un facilitateur.

Le type de père le plus nuisible est le père qui est présent dans une relation et dans la maison, mais qui ne fait rien pour interférer avec les abus d'une mère narcissique. Il y a plusieurs raisons pour qu'un père "ferme les yeux" sur les abus narcissiques de sa mère. L'une d'elles est que le père a été conditionné et qu'il a également souffert d'abus narcissiques. Il est si loin dans le temps qu'il ne voit pas ce qui ne va pas dans la relation ou dans la façon dont la mère se comporte. Cela peut être particulièrement vrai s'il n'a par nature.

Cependant, les pères qui restent en partenariat avec un narcissique et qui ne font rien pour soutenir leurs enfants ou les retirer de la situation deviennent des agresseurs secondaires. Leur dévouement à une mère narcissique et à ses besoins dépasse celui de ses propres enfants. Là encore, cela peut être la cause d'années d'abus et de conditionnement narcissiques, ou parce que le père a ses propres problèmes.

De nombreux pères qui sont coincés dans une situation avec des mères narcissiques apprennent essentiellement à ne rien dire afin de pouvoir maintenir l'harmonie avec leur épouse, ou même défendre le comportement de leur épouse auprès de leurs enfants pour montrer leur soutien et leur loyauté à leur épouse. La plupart des parents qui sont des facilitateurs pour un partenaire abusif ont une sorte de trouble de la personnalité ou un problème de santé mentale qui leur est propre. C'est également le cas des pères habilitants.

Les facilitateurs peuvent se présenter sous différentes formes. Si ils sont plus douces ou soumis aux mêmes abus et conditionnements, elles sont, dans l'ensemble, plus gentilles et plus affectueuses envers leurs enfants, même si elles attendent que la mère narcissique ne soit plus là. Certains pères sont classés comme de "véritables facilitateurs" qui peuvent être aussi horribles pour leurs enfants qu'une mère narcissique. Qu'ils soient physiques ou émotionnels, les vrais facilitateurs établiront leur propre domination dans le cycle des abus envers leurs enfants. Ces personnes ne participent pas nécessairement à des actes de violence par elles-mêmes, mais le fait d'avoir un conjoint narcissique les encourage.

Pour un enfant qui grandit avec un père qui est un facilitateur, c'est très déroutant. Un père absent peut devenir une grande source de ressentiment et de colère pour les enfants. Ils cherchent quelqu'un à blâmer pour leur situation et s'accrochent à la personne qui n'est pas là. Cela peut conduire à des associations malsaines avec l'autorité masculine ou des figures paternelles.

Un père à temps partiel peut également devenir la source de ressentiment, surtout si une mère narcissique utilise son absence à temps partiel pour manipuler ses enfants contre lui. Les pères à temps partiel peuvent être une figure déroutante, car si les enfants sont capables de former une relation décente avec eux, mais que le père ne peut pas réclamer la garde complète ou offrir un refuge à temps plein, l'enfant se retrouve à penser que son père ne s'en soucie pas assez.

Dans une situation où un père habilitant vit à plein temps avec une mère narcissique et ses enfants, les enfants risquent de souffrir bien davantage. Même si le père est passif et ne s'engage pas directement dans l'abus, il soumet ses enfants en ne les retirant pas ou en ne changeant pas la dynamique. Les enfants qui voient leur père ne rien faire pour les aider à surmonter leur douleur et leur confusion développent de nombreux problèmes de confiance et prennent leurs distances émotionnelles.

De plus, les pères qui défendent les actions de leur épouse narcissique créent un environnement très confus pour leurs enfants. Les actions de la mère deviennent justifiées, laissant aux enfants le sentiment qu'ils ont fait quelque chose de mal ou qu'ils sont en quelque sorte responsables. Cela crée un sentiment beaucoup plus profond d'inutilité et de manque de confiance en l'enfant qui se prolongera à l'âge adulte. Il est beaucoup plus difficile de surmonter les multiples niveaux d'abus qui usent la résistance d'un enfant sur plusieurs fronts. Étant donné qu'un facilitateur passif n'est pas ouvertement perçu comme un agresseur, les enfants pourraient ne jamais admettre que leur facilitateur de père faisait partie du problème.

Un enfant qui souffre aux mains de ses deux parents alors qu'ils sont tous deux des abuseurs actifs, ou dont le père est un véritable facilitateur, se retrouve incroyablement vulnérable. Ils n'ont pas de modèles positifs et chaque partie de leur vie à la maison devient insupportable. Ces enfants se sentent souvent incroyablement mal aimés et seuls, ce qui les rend enclins à développer leurs propres problèmes de santé mentale et à porter des traumatismes pendant longtemps.

Les facilitateurs paternels existent mais ne sont pas aussi courants que les facilitateurs maternels. La plupart des hommes en bonne santé mentale ne supportent pas les abus d'une femme narcissique et ils s'en vont.

## Mères narcissiques et leurs fils

Il y a toujours de la place pour des variations au sein des troubles de la personnalité. Toutes les mères narcissiques ne sont pas les mêmes. Plus encore, les mères narcissiques agissent différemment avec leurs fils qu'elles ne le feraient avec leurs filles.

Les fils élevés avec des mères narcissiques se retrouvent souvent à la limite de deux extrêmes différents. Le premier est de devenir à leur mère, en essayant constamment de faire tout ce qu'il peut pour la rendre heureuse, en se pliant toujours à ses volontés et à ses désirs. Cela inclut le fait d'ignorer ses propres besoins pour s'assurer que les besoins de sa mère sont satisfaits. Ces fils grandissent souvent sans savoir comment répondre à leurs propres besoins et se retrouvent le plus souvent dans une relation avec un partenaire contrôlant ou narcissique par familiarité.

À l'autre bout du spectre, les fils élevés par des mères narcissiques pourraient s'identifier trop à leur mère et devenir eux-mêmes narcissiques. Cette mentalité découle du fait que le fils reflète si bien sa mère qu'il mérite les louanges et l'adoration, surtout de la part des autres femmes.

Les fils élevés par des mères narcissiques dont le père est absent ou qui sont des abuseurs secondaires ont tendance à chercher du réconfort dans des addictions comme la drogue. Tous les enfants veulent naturellement l'attention et l'approbation de leurs parents. Si cela est impossible à obtenir par ces deux moyens, les fils sont plus susceptibles de chercher un soulagement par des substances et autres comportements destructeurs.

Les mères narcissiques tenteront d'utiliser leurs fils comme confidents, surtout si elles sont dans une relation où le père privilégie le travail plutôt que la famille pour tenter de rester sain d'esprit. Comme les relations narcissiques manquent d'intimité au sens émotionnel du terme, une mère narcissique cherchera d'autres moyens de l'obtenir, par exemple en imposant ces exigences à son fils, faisant de lui plus un partenaire qu'un enfant.

Les fils de mères narcissiques risquent d'être soumis à des problèmes œdipiens. Bien que cela ne doive pas nécessairement conduire à un contact sexuel réel ou à une agression, une mère narcissique peut et va superviser sa relation avec son fils. Les mères narcissiques peuvent utiliser l'inceste émotionnel comme moyen de gagner l'affection éternelle de leur fils. C'est alors qu'elle se comporte de manière inappropriée autour de son fils par le langage, le langage corporel, la façon dont elle s'habille, etc. Même si aucun acte sexuel n'a lieu, les jeunes garçons sont attirés par son magnétisme et son excitation. Avec le temps, cela peut conduire à une attraction malsaine entre le fils et la mère.

Dans la plupart des ménages à deux parents ayant des fils et des filles, les fils commencent à s'identifier à leur père. Ils captent les énergies sexuelles par le biais de leurs modèles masculins. Si le père est absent ou moins impliqué, le fils est plus susceptible d'être captivé par cette dynamique sexuelle inappropriée avec sa mère.

Un fils qui n'a pas de père attentionné et qui est victime d'un inceste émotionnel de la part de sa mère aura forcément des difficultés dans ses propres relations amoureuses à l'âge adulte. D'une manière plus primaire, il peut même en venir à croire que sa mère l'aime vraiment, ce qui lui donne un sentiment de victoire sur son père. Cet acte de vaincre son père peut entraîner des problèmes à l'âge adulte et des problèmes de maîtrise de soi (Lancer, 2020, paragraphe 11).

Lorsqu'il s'agit de fils qui développent des relations amoureuses, les mères narcissiques tenteront d'exercer leur contrôle. Elles deviennent jalouses du fait que l'attention de leur fils se porte sur quelqu'un d'autre. La mère tentera de contrôler le regard de son fils sur les autres femmes, voire d'interférer avec les projets d'activités plus sérieuses. Les mères ridiculiseront et rabaisseront également les partenaires romantiques que leurs fils ont choisis pour leur montrer qu'elles auront toujours le contrôle sur leurs fils.

Une mère narcissique ne peut pas supporter l'idée que l'attention de ses enfants se porte sur quelqu'un d'autre. Elle fera tout ce qu'elle peut pour subvertir leur relation, faire en sorte que le partenaire romantique se sente étranger et prouver qu'elle a le contrôle de son fils. Il est donc difficile pour les fils de mères narcissiques d'avoir une relation amoureuse réussie.

Alors que les fils de mères narcissiques sont exposés à d'autres formes d'abus qui sont courantes chez les parents narcissiques, comme la manipulation, la négligence, l'utilisation au profit de leur mère, etc. La sexualisation de la relation ainsi que la jalousie et le contrôle de leurs partenaires romantiques sont une caractéristique unique entre les mères narcissiques et leurs fils.

Lorsqu'il n'y a pas de père ou de modèle masculin dans le tableau, les mères narcissiques sont capables d'exercer un contrôle important sur leurs fils. Comme ils n'ont l'influence que d'un seul parent, ils sont modelés en fonction des interactions de la mère avec eux. Les fils de mères narcissiques sont susceptibles de développer leurs propres troubles délirants, comme croire que leur mère est amoureuse d'eux ou devenir eux-mêmes narcissiques.

Lorsque le fils d'une mère narcissique s'oriente davantage vers la finalité de plaire aux gens, ou plus précisément vers celle de "fils à maman", alors il est plus facilement manipulé dans une relation de co-dépendance. Il assumera probablement le rôle de soignant et se glissera facilement dans l'espace d'être un partenaire pour sa mère plutôt que pour son enfant. Comme il est déjà prêt à faire ce qu'elle veut pour que ses besoins soient satisfaits, elle peut travailler sous n'importe quel angle pour le contrôler. Les adultes dans ces situations ont des difficultés à mener leur propre vie avec un certain succès, une certaine estime de soi ou une identité personnelle. Malheureusement, aucune quantité d'abnégation ou de comportement agréable n'est jamais suffisante pour une mère narcissique.

Elle exigera toujours plus d'attention, de temps et de concentration. Avoir tout son temps et sa concentration sur sa mère signifie que sa carrière, sa vie personnelle et même sa propre famille souffriront d'un manque d'attention.

D'un autre côté, si un fils finit par devenir plus narcissique, il a l'impression que sa mère est fière de ce qu'il a accompli, parce qu'il se souvient d'elle sous un jour positif. Cependant, ces fils ne développent jamais correctement l'empathie ou la compassion.

Par conséquent, ils auront du mal à créer des

relations significatives avec leurs amis et leurs partenaires romantiques. Ce sentiment de supériorité n'a pas sa place dans un partenariat d'égal à égal. Les fils élevés par des mères narcissiques courent le risque de voir toute leur carte d'amour déformée. En recourant à une sexualisation inappropriée de leur relation, à la jalousie et au contrôle, ainsi qu'en comptant sur leurs fils pour être des partenaires plutôt que des enfants, les dommages psychologiques que cela entraîne peuvent être profonds. La sexualisation entre une mère narcissique et ses fils est plus importante que dans d'autres relations narcissiques/enfants.

## Mères narcissiques et leurs filles

Les filles qui sont élevées par des mères narcissiques sont soumises à des abus émotionnels très durs et souvent brutaux. Cela est dû à la compétitivité que les mères narcissiques ressentent envers leurs filles, surtout lorsqu'il s'agit de l'attention des hommes. Parce qu'on met tellement l'accent sur l'apparence des femmes, les mères se concentrent sur l'apparence de leur fille. Sont-elles assez jolies? S'habillent-elles de manière attrayante? La forme de leur corps est-elle digne d'éloges et d'attention?

Ces attentions trop critiques à des détails

superficiels entraînent de nombreux problèmes d'estime de soi chez les jeunes femmes. Les mères narcissiques privent leurs filles de l'empathie maternelle de la même manière que leurs fils en sont privés. La confusion s'installe lorsqu'une mère narcissique passe autant de temps à flatter votre perfection, en tant que reflet d'elle-même, qu'à rivaliser avec votre jeunesse et votre sexualité.

Les filles élevées par des mères narcissiques peuvent reprendre l'image de leur mère qui a besoin d'être parfaite et adorée, en se penchant elles-mêmes sur le domaine narcissique. Il y a un besoin constant d'approbation, car ils ne sont jamais validés en tant qu'enfant. L'accent est mis sur la beauté, l'intelligence et les réalisations, ce qui amène les filles à considérer leur image de la même manière narcissique.

Par ailleurs, les filles élevées par des mères narcissiques peuvent devenir trop plaisantes. Elles se transforment en paillassons émotionnels, se laissant marcher dessus par les autres. En même temps, elles essaient de plaire à tout le monde autour d'elles, ignorant leurs propres besoins parce qu'ils n'ont jamais été réalisés. Ce cheminement évolutif pour la fille d'une mère narcissique mène souvent à des relations romantiques avec des personnes importantes qui les contrôlent et les dominent.

Comme les filles ont tendance à passer un peu plus de temps avec leur mère, il existe des différences majeures dans la manière dont les mères narcissiques interagissent avec leurs filles par rapport à leurs fils. L'une de ces différences communes réside dans l'absence de limites. Les filles sont considérées comme une menace pour leur mère ainsi qu'une extension d'elles-mêmes et de leur ego. Elles ne respectent pas les limites qui devraient exister entre une mère et sa fille, recourant aux insultes, à l'intimidation et au dénigrement pour détruire l'estime de soi de leur fille. Il n'est pas rare que les mères narcissiques "aiment" leurs fils plus que leurs filles. Toutefois, cela ne signifie pas que les fils sont réellement favorisés ou mieux traités. Une mère narcissique a différentes façons de nuire à ses fils. Les mères narcissiques peuvent ignorer leurs filles au profit de leurs fils, ce qui constitue une autre forme de "réduction de la menace" qu'elles ressentent de la part de leurs filles. Lorsqu'il s'agit de critiquer leurs filles, les mères narcissiques deviennent de plus en plus agressives. Elles élèvent la critique à un niveau supérieur, où elle se transforme en honte. Elles feront honte à leur fille si elle n'est pas assez jolie, si elle n'est pas assez intelligente, si elle est trop mince, si elle est trop grosse, si elle n'a pas les bons vêtements, si elle n'attire pas assez l'attention, etc. Quoi qu'ils puissent faire honte à leurs filles, le feront.

Cette honte va bien au-delà des simples critiques occasionnelles sur l'apparence et le comportement. Elle s'accompagne souvent d'insultes diffamatoires, mais contribue également à l'utilisation par une mère d'un manque d'amour. Comme les mères sont censées aimer leurs filles inconditionnellement, cette application du refus d'amour par déception ou contrariété provoque la colère des filles contre leur mère et les rend confuses quant à savoir si elles doivent les aimer en retour ou non.

Bien sûr, les filles sont censées aimer leur mère sans condition. Ainsi, confrontées à la confusion de savoir si elles doivent ou non aimer leur mère, les filles de mères narcissiques finissent par se sentir coupables et honteuses de ces pensées et sentiments. Une fois la porte ouverte à la honte, les filles commencent soudain à penser que toutes les insultes que leur mère a proférées à leur encontre sont vraies. Les filles pensent que si elles sont vraiment assez horribles pour envisager de ne pas aimer leur mère, alors tout ce que leur mère a dit à leur sujet doit être vrai!

Ils commencent à croire qu'ils méritent la

nature abusive que leur mère leur impose. Ils perdent toute confiance, toute estime et tout sentiment de valeur. La violence narcissique d'une mère envers sa fille n'entraîne pas seulement une violence émotionnelle de la part de la mère, mais elle conduit aussi les filles à avoir des pensées, des sentiments et des opinions néfastes sur elles-mêmes. Cela prolonge la violence de nombreuses façons.

Avec un manque d'empathie, une mère narcissique est capable de s'occuper des besoins physiques de sa fille, mais pas de répondre à ses besoins émotionnels. Lorsque les filles grandissent, se font des amis et nouent d'autres relations, elles commencent à vouloir la même chaleur et la même affection que celles qu'elles reçoivent des autres mais de leur mère. Les mères narcissiques restent cependant distantes sur le plan émotionnel, ce qui donne aux filles le sentiment constant qu'il leur manque quelque chose. Il y a un vide émotionnel qu'elle ne sait pas comment aborder parce qu'elle n'a jamais été encouragée à s'occuper de ses propres besoins émotionnels (Lancer, 2018, paragraphe 6).

Avec la nature contrôlante des mères narcissiques, elles tenteront de faire en sorte que leurs filles soient au mieux de leur forme, mais en se basant sur leurs propres attentes et non sur ce que leur fille veut. Par extension, ces mères commencent à vivre à travers leurs filles. Elles obligent leur fille à porter la même coupe de cheveux qu'elles, à s'habiller de la même façon et à sortir avec les hommes qui les séduiraient et leur narcissisme. Cela ne laisse pas beaucoup de place aux filles pour développer leur propre identité ou apprendre à se connaître (Lancer, 2018, paragraphe 7).

Les mères narcissiques rivaliseront avec leurs filles pour attirer l'attention. Cela vient de la peur qu'elle ne soit pas plus belle ou plus adorée par son entourage, plus particulièrement par son mari et ses fils. Dans le conte classique Blanche-Neige, la belle-mère malfaisante voulait faire tuer sa belle-fille parce qu'elle était menacée par sa beauté. C'est la dynamique narcissique mère/fille. Les mères veulent l'attention masculine qu'elles craignent que leurs filles ne leur prennent.

Cette concurrence n'existe pas seulement au sein de la famille. Chaque fois qu'une fille commence à avoir une relation amoureuse, en particulier avec un homme, la mère narcissique se met en compétition pour attirer l'attention de l'autre. Elle tentera de s'interposer entre eux, en utilisant des méthodes d'insulte et de rabaissement de sa fille envers son proche. Elle peut même aller jusqu'à tenter de les séduire.

La relation entre les mères et les filles narcissiques est très complexe et préjudiciable aux filles. Il y a tellement de doubles standards dans la façon dont les mères traitent leurs filles; le coup du lapin émotionnel est loin de décrire les changements rapides et la confusion que ressentent les filles élevées par des narcissiques

# Faire face à une mère narcissique

L'une des premières étapes pour faire face à une mère narcissique, et ainsi surmonter les abus qu'elle subit, est de la considérer exactement comme elle est. Comprenez qu'elle est narcissique et que son comportement envers vous n'a absolument rien à voir avec vous. Tout ce qu'elle fait est basé sur un trouble délirant qui est enraciné dans un sentiment accablant de faible estime de soi.

Cela signifie que vous devez comprendre, accepter et croire que la honte, la culpabilité, les manipulations, les insultes et les critiques ne vous concernent pas le moins du monde. Une fois que vous aurez accepté cela, vous pourrez regarder les autres personnes autour de vous et voir comment elles vous apprécient. Il peut s'agir d'amis, d'un partenaire romantique, d'autres membres de la famille ou même de frères et sœurs si vous avez une bonne relation avec eux.

En acceptant votre mère pour ce qu'elle est et en reconnaissant que vous n'êtes pas défini par l'opinion qu'elle a de vous, vous pourrez en fait travailler à la construction d'une relation qui ne soit pas malsaine pour vous. Il convient de noter que, à moins qu'un narcissique ne reçoive une aide psychologique, il ne pourra jamais surmonter son trouble de la personnalité. Cela ne veut pas dire qu'il n'y a pas de mesures que vous pouvez prendre dans votre propre vie pour vous améliorer et donc comment vous êtes capable d'interagir avec une mère narcissique.

L'une des principales composantes du narcissisme est qu'un narcissique ne peut jamais se tromper. Il refuse d'admettre qu'il a tort parce qu'il ne peut pas comprendre qu'il a toujours tort, sur quoi que ce soit. En luttant contre eux et en remettant en cause cette perception, vous vous exposez à un argument féroce que vous n'avez aucun moyen de gagner.

Ne vous disputez pas ou ne vous battez pas avec votre mère narcissique. Si vous n'êtes pas d'accord avec elle, ou si elle dit quelque chose qui vous offense, vous pouvez apprendre différentes façons de désamorcer une situation qui pourrait dégénérer en une bagarre totale. Si vos opinions divergent, vous pouvez par exemple dire simplement: "Nous allons devoir être d'accord ou non". Dans ce cas, vous voudrez laisser tomber le sujet. Il est possible que votre mère narcissique tente de poursuivre l'argument, mais vous devrez rediriger son attention d'une autre manière.

Faire face à un agresseur, surtout lorsqu'il s'agit de votre mère, peut être effrayant et difficile.

Vous allez d'abord devoir prendre le temps de surmonter la codépendance et la honte que votre mère vous a infligées. Cela pourrait même inclure l'établissement de relations stables et saines pour vous prouver que vous êtes digne et que vous pouvez être aimée.

Les frontières sont un véritable combat avec les mères narcissiques, surtout avec leurs filles. Les narcissiques ne sont pas enclines à respecter les limites parce qu'elles se sentent autorisées à faire ce qu'elles veulent avec les personnes qui font partie de leur vie. Cela ne veut pas dire que vous ne pouvez pas vous fixer des limites avec une mère narcissique.

Préparez-vous aux réactions de rejet, à la culpabilité, aux insultes, aux menaces et à la colère générale. Il est important de comprendre que votre mère narcissique ne va pas aimer que vous lui imposiez des limites. Tant que vous vous engagez à les respecter et que vous ne vous laissez pas influencer par sa négativité, vous développez une capacité à vous protéger.

Toutes les limites ne doivent pas non plus être extrêmes. Commencez par quelques petites limites de base. Vous voulez vous montrer que vous pouvez fixer et maintenir des limites. Vous voulez aussi que votre mère comprenne que vous avez des limites. Elle ne l'accepte pas, mais tant que vous la respectez, vous vous donnez l'opportunité de développer votre identité et de vous intéresser à vos besoins.

Si vous avez un partenaire romantique, un ami proche ou un colocataire qui est prêt à vous aider à faire respecter vos limites, avec vous-même et votre mère, il peut être très utile de solliciter son aide. Le fait d'avoir quelqu'un pour vous soutenir et vous aider est un atout important lorsque vous cherchez à vous améliorer.

Si vous avez choisi de fixer des limites avec une mère narcissique, préparez-vous à ce que son approche de vous change radicalement. Elle aura recours à toutes sortes de comportements négatifs et narcissiques pour vous faire céder, vous faire changer d'avis ou vous faire sentir mal dans votre peau. Plutôt que d'approcher les limites comme une méthode pour changer votre relation avec votre mère, considérez-les comme une forme de protection de vous-même.

Ces limites ne sont pas conçues pour faire réaliser à votre mère qu'elle a une personnalité toxique. Elles ne sont pas conçues pour établir une relation saine et significative avec votre mère. Les limites sont mises en place pour que vous puissiez vous séparer d'elle, pour que vous puissiez avoir une vie qui ne soit pas empoisonnée par son narcissisme, tout en la gardant dans votre vie.

Il est rare qu'un professionnel de la psychologie ou un thérapeute vous recommande de couper totalement les liens avec un membre de votre famille, en particulier un parent. Il existe des exceptions à cette règle si votre vie ou votre corps sont menacés de dommages physiques ou de mort. Cependant, il est important, dans le cadre du processus de guérison, d'apprendre comment vous pouvez vous changer afin que les opinions et les actions de votre mère narcissique ne vous affectent pas autant. En l'excluant complètement, vous pouvez grandir, apprendre et changer autant que possible, mais sans avoir la possibilité de faire face à votre agresseur ou de vous prouver que vous n'êtes pas défini par elle, la guérison est incomplète.

Il est important de se rappeler que vous, en tant qu'individu, étiez et êtes toujours assez bon pour votre mère. Son incapacité à voir et à comprendre cela est sa propre perte à long terme. Une bonne méthode pour traiter avec les mères narcissiques consiste à poursuivre des activités, des passe-temps et des carrières qu'elle n'aime pas ou qui pourraient vous dissuader de les rejoindre.

Si vous pouvez réussir dans l'un de ces domaines, et si vous pouvez trouver le bonheur sur l'un de ces chemins, elle ne pourra pas s'en attribuer le mérite.

Bien que cette approche ne la rende pas fière de vous, ne lui montre pas votre valeur et ne l'oblige pas à vous louer ou à vous couvrir d'affection, elle fait quelque chose de bien plus puissant. Elle vous donne l'occasion de sortir de son ombre et de vous montrer, à vous et au monde, que vous êtes capable et que vous êtes vous-même. Votre mère narcissique ne l'appréciera peut-être jamais ou ne voudra jamais parler de vos réalisations, car elles ne concernent que vous et ne reflètent pas sa personnalité. Cependant, il y a une satisfaction intérieure qui vient du fait de savoir que vous avez été capable de surmonter son contrôle et d'être quand même une réussite.

"Traiter avec" une mère narcissique est un terme quelque peu trompeur. Il ne s'agit pas tant de "traiter avec" que de surmonter, d'avancer et d'être sa propre personne.

# 4: Vivre avec les narcissiques

## Comment traiter avec les narcissiques

Le concept de "traiter" avec un narcissique est un peu trompeur. Il est très peu probable que les narcissiques changent sans l'aide d'un professionnel. En raison de leur trouble de la personnalité, il est très peu probable qu'ils obtiennent un jour une aide professionnelle par eux-mêmes.

Toutefois, cela ne signifie pas que vous devez souffrir aux mains d'un narcissique dans votre vie parce qu'il n'est pas disposé à changer. Vous pouvez faire des changements pour vous-même qui vous mèneront finalement à une existence plus saine. Ainsi, vous renforcerez vos propres défenses au point que ces personnes ne puissent plus vous faire de mal.Si vous avez été élevé par un narcissique ou si vous avez eu un partenaire narcissique, il est recommandé d'envisager une psychothérapie et de demander une aide professionnelle.

Non seulement les professionnels de la psychologie peuvent vous aider à vous doter de mécanismes d'adaptation sains, mais ils peuvent aussi vous aider à identifier les sources de traumatisme. Plus important encore, si ce traumatisme s'est manifesté par des troubles de santé mentale comme la dépression, le TSPT, des troubles d'anxiété intense, etc., un professionnel de la psychologie peut établir un diagnostic et prescrire un traitement si nécessaire.La capacité à s'endurcir face à l'impact de votre agresseur narcissique n'est pas un processus facile ou immédiat. Il faut du temps pour traverser la douleur, pour comprendre les déclencheurs et pour apprendre ensuite comment faire en sorte que cela n'arrive pas. Non seulement cela prend du temps, mais il faut aussi de la pratique.

C'est pourquoi il n'est pas nécessairement recommandé de "couper complètement les liens" avec les membres de la famille si l'un d'entre eux est narcissique.

Aujourd'hui, si vous venez de commencer un traitement, ou si vous suivez un traitement depuis un certain temps, il y a encore des choses que vous pouvez faire pour vous faciliter la vie avec un parent narcissique. Tout d'abord, il est bon d'établir un système de soutien solide pour vous-même. Vous devriez avoir des amis et des collègues qui vous estiment, vous soutiennent, vous aiment et vous apprécient pour vos propres compétences et votre propre personnalité. Il serait peut-être bon de ne pas présenter ces personnes à votre agresseur narcissique. De cette façon, vous disposerez d'un système de soutien entièrement distinct qui sera juste pour vous, et non pour l'image que le narcissique de votre vie a de vous.

En tirant parti de ce type de système de soutien, vous allez pouvoir retrouver l'estime de soi, la confiance et la valeur de votre vie. Puisque ce sont des traits de caractère dont les parents narcissiques vous dépouillent si facilement de part leurs manipulations, en les récupérant pour vous-même, vous vous libérerez de leur influence. Vous serez étonné de voir comment un peu de confiance en soi peut modifier radicalement votre relation avec un narcissique qui a eu une influence majeure dans votre vie.Une autre mesure importante à prendre est de limiter le temps que vous passez avec eux.

Cela peut être difficile s'ils sont vos parents. On peut s'attendre à les voir pendant les vacances ou lors d'autres réunions familiales. Vous devriez réduire le nombre de fois où vous les voyez et, lorsque vous les voyez, vous fixer un délai ferme.

Préparez-vous à être culpabilisés et manipulés pour assister à plus d'événements et rester plus longtemps. Vous n'avez pas besoin d'inventer des excuses, faites simplement savoir que vous ne voulez pas être "aussi impliqué" dans les réunions de famille. Si vous êtes suffisamment à l'aise pour aborder le sujet de front, vous pouvez leur faire savoir que vous n'êtes pas à l'aise dans les réunions de famille en raison de la façon dont vous êtes traité. Cela ne signifie pas nécessairement que votre parent narcissique est à blâmer. Cela vous permet d'exprimer vos préoccupations sans soulever de dispute, car vous avez le pouvoir de dire que vous ne voulez pas en dire plus.En limitant votre temps et le nombre de vos interactions avec des parents narcissiques, vous vous donnez la possibilité d'être avec eux selon vos conditions. Ils n'aimeront probablement pas cela, mais il reste important que vous établissiez avec eux, et avec vous-même, que vous avez des droits et des besoins et que vous allez les respecter et vous y tenir même s'ils ne seront pas honorés par les autres membres de votre famille.

L'un des meilleurs mécanismes d'adaptation pour faire face à un narcissique est l'acceptation. Plutôt risible, non? Pourquoi devriez-vous accepter la personne qui vous a causé tant de maltraitance émotionnelle, mentale et peut-être même physique ? Cela semble presque injuste, n'est-ce pas? Eh bien, la vérité est que, puisque le narcissisme peut être classé comme un trouble de la personnalité, les narcissiques de votre vie n'ont pas eu l'intention de vous nuire ou de vous maltraiter. Ils sont simplement incapables d'empathie ou de satisfaire les besoins émotionnels, en particulier ceux de leurs enfants.

Cette incapacité est cognitive, et non intentionnelle. Reconnaître qu'ils n'ont aucun contrôle sur cette incapacité dans leur esprit vous permet de vous libérer de l'opinion qu'ils ont de vous. Vous comprenez ainsi que tout ce qu'ils pensent ou disent de vous n'a absolument rien à voir avec vous. Cela a tout à voir avec eux. Vous devez vous libérer de l'attente qu'ils peuvent ou vont changer, ce qui est une forme d'acceptation.

En outre, lorsque vous les accepterez, vous comprendrez que vous ne pouvez pas les contrôler. Vous ne pouvez pas contrôler leurs réactions à votre égard ni la façon dont ils vous perçoivent. C'est une vérité difficile à avaler, car tout le monde veut être vu, accepté et aimé par ses parents. Ils travailleront dur et feront tout ce qu'ils peuvent pour essayer de changer l'opinion que leurs parents ont d'eux. Malheureusement, dans le cas des narcissiques, c'est presque impossible à faire.

De plus, en acceptant votre parent narcissique pour ce qu'il est, vous pouvez trouver le moyen de le plaindre. La pitié est un puissant outil de guérison. Vous pouvez les plaindre de ne jamais être vraiment heureux et d'avoir une si faible estime de soi qu'ils doivent s'envelopper dans une version fantaisiste de leur vie. Ayez pitié d'eux parce qu'ils ne savent jamais ce que c'est que d'être aimé ou d'avoir un partenariat égal avec quelqu'un.

Si vous pouvez transformer vos sentiments et associations négatifs en pitié, ils n'ont plus de pouvoir sur vous. Chaque fois qu'ils vous lancent une vanne ou une insulte, voyez-les comme une personne triste et seule. Chaque fois qu'ils font un commentaire sur vous à un proche, vous vous sentirez mal parce qu'ils ne sauront jamais ce que c'est que d'être amoureux. La pitié transforme leur brutalité en expressions inoffensives de leur propre misère. Vous avez le pouvoir de vous rendre heureux.
Ce n'est pas le cas, car ils ont toujours besoin d'une approbation externe.

Dommage qu'ils ne puissent pas être heureux avec ce qu'ils sont et ce qu'ils ont dans la vie. Plus que cela, en les plaignant, vous vous permettez de ne pas tomber dans les mêmes erreurs et schémas qu'eux, parce que vous savez que vous pouvez être heureux en n'étant pas comme eux.

Il existe de nombreuses façons de gérer des parents narcissiques ou d'autres narcissiques dans votre vie. Vous voudrez commencer lentement et déterminer ce qui fonctionne le mieux pour vous et votre situation.

Avec le temps, vous pourrez approfondir le renforcement de vos outils d'interaction avec eux.

## Comment tequer avec un narcissique

Lorsque vous apprenez à communiquer avec un narcissique, cela peut changer considérablement votre relation avec lui. La beauté de cette situation est que vous avez des connaissances d'initié. Vous comprenez que cette personne est narcissique, donc, en vous basant sur ce trouble spécifique de la personnalité, vous savez comment elle est à l'intérieur et à l'extérieur. Comme elle est dans le déni de tout ce qui ne va pas avec elle, cela vous donne un avantage.

Vous pouvez jouer leur narcissisme d'une manière qui rend l'interaction avec eux plus saine, moins antagoniste et aussi plus agréable. Changer la façon dont vous communiquez avec un narcissique pour tenter d'avoir une relation plus stable avec lui n'est pas la même chose qu'une manipulation émotionnelle ou mentale. Vous ne cherchez pas à le rabaisser, à le blesser ou à le contrôler de quelque manière que ce soit. Il s'agit simplement d'une meilleure approche pour interagir avec lui et établir une relation avec lui.

Souvent, lors d'une discussion avec un narcissique, il est préférable de suivre le courant. Même s'il dit quelque chose de ridicule que vous savez absolument faux, si vous essayez de le souligner, cela ne fera que provoquer une dispute. Le meilleur choix pourrait être de faire un signe de tête sans engagement et de laisser. Puisque vous connaissez la vérité, vous ne devez pas compromettre vos propres convictions et vous ne devez pas non plus provoquer une confrontation gênante dans un débat que vous ne pouvez pas gagner.

Il peut y avoir des moments où il dit quelque chose de si étrange qu'on ne peut vraiment pas se contenter de hocher la tête et de l'accepter. Dans ce cas, le fait de dire une phrase telle que "Nous allons devoir être en désaccord sur cette question" supprime tout reproche implicite ou toute nature argumentative. S'il pousse la question plus loin, vous pouvez aussi choisir de vous retirer de la conversation.

Toute conversation ou interaction se passera mieux avec un narcissique s'il se sent validé et si vous vous concentrez entièrement sur lui. Cependant, vous n'avez pas besoin de faire cela en vous laissant insulter ou démolir par lui. S'il essaie, utilisez par défaut une phrase générique telle que "Je peux comprendre pourquoi tu ressens ça". Vous lui donnez la reconnaissance dont il a besoin, mais en même temps, vous ne croyez pas à l'opinion qu'il a de vous et vous vous séparez ses perceptions.

Il existe d'autres tactiques pour éviter les débordements, comme la réorientation dans une conversation. Si votre parent narcissique tente de parler d'une histoire ou d'un événement qui vous fait mal paraître ou vous fait vous sentir mal, mais qui améliore l'image qu'il a de lui-même, vous pouvez détourner son attention de votre dégradation en disant quelque chose qui change le ton de la conversation, notamment en ce qui concerne sa participation. Par exemple, une fille élevée avec une mère narcissique a raconté une expérience qu'elle a vécue en grandissant. Lorsqu'elle était à la maternelle, l'enseignante faisait un tour de classe et demandait à tous les élèves de dire leur plat préféré. La plupart de ses camarades ont énuméré ce que les enfants disent habituellement: pizza, glace, autres friandises ou malbouffe. Cependant, lorsque son tour est venu, la fille a dit que son plat préféré était les haricots et le riz, un plat que sa mère préparait assez fréquemment.

Cette histoire est devenue une plaisanterie cruelle que la mère racontait au sujet de sa fille. Tout au long de son enfance et jusqu'à l'âge adulte, sa mère la taquinait à propos de cette histoire spécifique, disant qu'elle était une enfant si "bizarre" ou "étrange", qu'elle ne ressemblait en rien aux autres enfants de son âge. Bien que cela ait pu être perçu comme un éloge du caractère unique de sa fille, cette histoire était toujours racontée dans des situations destinées à lui faire honte et à l'embarrasser.

Finalement, après avoir entendu, pendant plus de vingt ans, la même histoire utilisée contre elle, cette femme a trouvé un moyen efficace de réorienter la conversation. Elle était sortie dîner avec ses parents et son conjoint lorsque l'histoire des "haricots et du riz" a été de nouveau évoquée pour tenter de la ridiculiser en raison de son étrangeté. Plutôt que de lutter contre sa mère ou de bouder, la fille a répondu par une réponse qui a validé sa mère et a également empêché la cruelle plaisanterie de se perpétuer.

La jeune femme a déclaré que sa mère devrait être fière de cette réponse car, contrairement aux autres élèves de sa classe, elle réussissait à trouver le temps de préparer des repas faits maison pour trois enfants tout en travaillant quarante heures par semaine.

Dans ce scénario, la mère s'est sentie approuvée de par sa capacité à être cette "mère parfaite" en gérant une carrière à plein temps ainsi qu'en subvenant aux besoins de ses enfants. Elle s'est également vue reconnue comme étant capable d'élever trois enfants, de travailler à plein temps et de préparer des repas maison, ce qui représente beaucoup de travail, travail dont sa fille a pris conscience. C'est une bonne chose pour l'ego d'une mère narcissique.

La fille a pu rediriger l'attention négative qu'elle portait à sa mère vers une attention positive. Ainsi, le ton de la conversation a changé, et l'intention cruelle a été stoppée dans son élan. Une réorientation réussie rend presque impossible pour un narcissique de pousser la question plus loin. Vous libérez également vos propres associations négatives avec le sujet. Même si l'éloge ou la connotation positive ne s'adresse pas spécifiquement à vous, le fait de changer le ton et l'énergie de toute l'histoire lui donne également une nouvelle tournure pour vous.

Si la conversation devient trop inconfortable, ou si votre parent narcissique essaie de devenir agressif ou compétitif, vous pouvez vous retirer de la conversation. Vous pouvez demander si vous pouvez parler d'autre chose, ou simplement hocher la tête et partir à la première occasion. En n'alimentant pas leurs compulsions, vous ne leur donnez pas le temps de s'énerver. Ils pourraient essayer de vous pousser à rejoindre la conversation juste pour obtenir une réaction, mais si vous continuez à tenir bon et ne leur donnez pas ce dont ils ont besoin pour créer un spectacle ou vous blesser, alors vous leur enlevez le pouvoir qu'ils ont sur vous.

Lorsque vous communiquez avec un narcissique, il est important de ne pas placer vos attentes trop haut. Vous ne voudrez peut-être pas avoir d'attentes lorsque vous vous lancerez dans cette aventure. En plaçant la barre plus bas, vous vous donnez la possibilité de trouver du plaisir dans les interactions si elles se passent mieux que vous ne le pensiez. Si vous placez la barre trop haut, vous risquez d'être déçu et découragé d'essayer à nouveau.

# Comment négocier avec un narcissique

En apprenant à connaître les comportements et les traits narcissiques, vous vous donnez un avantage sur eux. Ce n'est pas le genre d'avantage que vous affichez ou utilisez contre eux, cela vous donne simplement la possibilité de les aborder différemment. L'objectif d'une relation saine avec un narcissique est de s'assurer qu'il n'est plus en mesure de vous faire du mal. La plupart de cette guérison et de cette acceptation doit venir de l'intérieur. Si vous vous renforcez et vous continuez à apprendre à vous connaître, vous serez plus résistant à leurs effets.

Cependant, connaître la façon dont les narcissiques pensent et travaillent vous permet de mieux interagir avec eux. Il y aura très probablement des situations dans lesquelles vous pourrez même obtenir leur coopération ou leur soutien. Il peut sembler malhonnête et manipulateur de se jouer de la personnalité d'un narcissique et de le retourner contre lui, mais tant que vous n'avez pas l'intention de lui nuire d'une quelconque manière ou de l'exploiter, alors négocier avec un narcissique n'est qu'une autre forme de communication. En toute honnêteté, la communication est une un savoir-faire qui prend toute une vie à maîtriser. Chacun communique différemment. La leçon la plus importante à tirer en matière de communication est la façon dont les autres communiquent. Par conséquent, savoir comment un narcissique se comporte et réagit à un niveau fondamental, et utiliser ces connaissances pour permettre une communication fluide, fait vraiment partie du processus d'apprentissage.

Il existe plusieurs façons de négocier avec un narcissique. Il faut s'entraîner et comprendre comment les utiliser pour ne pas aggraver une situation. La première méthode de communication avec un narcissique consiste à contester son autorité. Cela semble contre-intuitif à bien des égards, car les narcissiques refusent d'admettre qu'ils ont tort et ont des tempéraments qui peuvent être explosifs.

Une fois que vous vous êtes établi en tant qu'individu et que vous avez trouvé votre confiance, vous serez peut-être plus disposé à vous confronter à un narcissique. Contester son autorité ne signifie pas nécessairement se disputer avec lui, déclencher des conflits, ou lui dire en face qu'il a tort. Ce sont là des moyens d'aggraver une situation. Souvent, les narcissiques poursuivent leur comportement, car personne ne leur résiste jamais. Ils deviennent des brutes parce qu'ils savent qu'ils peuvent s'en tirer. Cela continue à alimenter leurs fantasmes grandioses lorsque personne ne s'élève contre eux. Ils ont le sentiment que personne n'est assez digne pour les défier, que leur supériorité est cimentée lorsque les autres se cachent devant eux.

Défier un narcissique ne gagnera ni son respect ni son admiration, mais vous pouvez obtenir sa coopération et son respect si vous l'abordez d'une manière qui ne provoque pas une situation explosive. En défiant un narcissique, vous devrez être à l'aise avec l'idée que vous devrez vous tenir debout, au sens propre et au sens figuré. Vous devrez également être ferme et tenir bon face à eux. C'est aussi au sens littéral et figuré.

Votre présence, au sens physique du terme, et une posture immobile sont des éléments importants pour affirmer votre propre autorité. Cela montre que vous n'avez pas peur et que vous croyez ce que vous dites. Vous devez également vous entraîner à garder une voix ferme et stable. Toute hésitation les fera bondir sur cette insécurité.

Une contestation ou une affirmation envers un parent narcissique peut avoir un effet soit générique soit ferme sur la façon dont vous traitera la personne narcissique, il ne pourra plus vous traiter de la même façon parce que vous n'êtes pas un enfant.

Ils n'aimeront pas cela; ils tenteront de subvertir votre confiance et de prétendre avoir le contrôle sur vous. Si vous continuez à ne pas changer votre déclaration, ils finiront par comprendre qu'ils ne peuvent pas vous faire de mal ou vous contrôler aussi facilement.

En plus d'affirmer son contrôle ou de défier un parent narcissique, la fixation de limites strictes peut être utilisée comme moyen de négocier avec un narcissique. Ils n'aiment pas du tout les limites, car ils se sentent trop importants pour être retenus par elles. Cependant, il est vital pour votre santé mentale et votre développement en tant qu'individu de vous sentir à l'aise avec l'établissement et le maintien de limites.

Tout comme pour une remise en question de leur comportement, les limites vont subir le repli d'un narcissique. Ils pourraient recourir aux menaces ou à la culpabilité, et à d'autres tactiques de manipulation pour tenter de faire une exception à vos limites. Il est important de rester fort et de ne pas céder à leurs exigences. Si une limite est importante pour vous, maintenez-la. Les parents narcissiques essaieront de la franchir, probablement à plusieurs reprises. Cependant, en établissant des limites et en s'y tenant strictement, ils perdent plus de pouvoir et de contrôle sur vous. Les limites deviennent un moyen efficace de négocier un comportement approprié de la part d'un narcissique. Elles vous donnent un bouclier et font également reculer le narcissique. En leur montrant qu'ils ne détiennent pas le pouvoir sur vos choix, vos décisions et votre capacité à les avoir dans votre vie, ils deviennent moins implacables. Bien qu'ils ne l'admettent jamais, les narcissiques ont besoin de l'adoration et de l'amour que vous leur procurez. En limitant ce que vous leur donnez, ils travailleront plus dur pour vous garder dans leur vie, afin de ne pas perdre cette source d'éloge.

Cette tentative de maintenir une relation forte avec vous ne se transformera pas en une relation d'amour et d'égalité. Toutefois, elle vous soulagera d'une partie de vos tensions et de vos sentiments à leur égard. Une autre façon de négocier avec un narcissique est d'illustrer comment sa coopération ou son soutien peut lui être bénéfique ainsi qu'à vous. Ce genre de tactique de négociation peut sembler plus manipulatrice que les autres.

Si elle est menée correctement et avec l'intention d'être honnête, elle est alors bénéfique pour vous et pour le narcissique.

Vous ne voulez pas recourir à ce type de communication pour tenter de manipuler ou d'exploiter quelqu'un, même s'il s'agit d'un narcissique qui vous a causé beaucoup de peine. Cela étant dit, si vous avez des sentiments non résolus envers un narcissique qui vous laissent un sentiment de vengeance ou comme si vous vouliez le blesser et le manipuler, il est recommandé de faire le tri de ces sentiments avant de travailler à améliorer votre communication avec lui.

Si vous voulez quelque chose d'un narcissique, surtout s'il s'agit de votre parent, vous pouvez trouver une façon de formuler la conversation qui illustre votre désir comme étant dans son meilleur intérêt. Vous devrez aborder ce type de communication avec prudence, car vous ne voulez pas mentir ou donner l'impression d'être dans l'ombre. Vous voulez réfléchir à la façon de formuler les choses de manière à ce qu'elles soient mutuellement bénéfiques, car ils ne se concentreront que sur leurs propres avantages.

En formulant votre demande en pensant à eux autant qu'à vous, ils seront plus enclins à coopérer. Vous pouvez même faire la demande entièrement à leur sujet et ils seront alors beaucoup plus enclins à coopérer. N'oubliez pas que ce type de communication n'est pas destiné à être enveloppé de tromperie ou de manipulation. C'est une façon de travailler avec un narcissique pour un bénéfice mutuel et pour obtenir son soutien.

Négocier avec des narcissiques peut être difficile en raison de leurs traits de personnalité sous-jacents. Comprendre ces traits et savoir comment vous pouvez modifier votre propre style de communication à leur égard est la meilleure façon d'aborder la négociation avec un narcissique.

# Conclusion

Merci d'avoir lu le livre *Des Mères Narcissiques*. J'espère que vous avez pu en apprendre davantage sur vous-même et sur votre ou vos parents narcissiques au cours de cette lecture. Il n'est jamais facile de s'avouer à soi-même que l'on a subi des abus, quels qu'ils soient, et encore moins des abus de la part de ses parents. Il est encore plus difficile d'accepter les abus narcissiques parce qu'ils sont le plus souvent d'ordre psychologique et émotionnel, ce qui donne à la victime le sentiment d'être le problème.

Heureusement, lire ce livre signifie que vous avez maintenant une compréhension de ce que vous avez vécu, ou au moins une idée de la façon dont vous avez été élevé. Vous avez peut-être été choqué par les informations que vous avez apprises, et je ne serais pas surprise par cette révélation. Le TPN est très complexe et constitue un trouble délirant de la personnalité à plusieurs niveaux. Si vous êtes novice en matière de narcissisme et de parents narcissiques, vous avez probablement lu des choses qui vous ont semblé irréelles.

En vérité, il y a tellement plus à apprendre sur vous-même et sur les abus que vous avez subis en étant élevé par un parent narcissique. Je suis convaincue qu'avec les connaissances que vous avez acquises en lisant ce livre, vous êtes sur la bonne voie pour surmonter ce traumatisme et vous guérir.

Même si vous n'avez pas encore commencé à chercher une aide professionnelle, ce texte contient des conseils que vous pouvez utiliser lorsque vous interagissez avec vos parents et que vous travaillez ainsi à une mentalité et une vie plus saine en général. Entraînez-vous à accepter votre parent narcissique et tous ses défauts. Pratiquez les différentes formes de communication avec les narcissiques dont il a été question. Vous constaterez probablement un changement radical dans votre relation avec vos parents rien qu'en employant ces méthodes.

Apprendre que les narcissiques ont peu de

chances de changer et d'accepter leurs enfants est l'une des vérités les plus difficiles que les enfants élevés par des narcissiques doivent apprendre. Je suis profondément désolée pour tout enfant, ou maintenant adulte, qui se rend compte qu'il a été élevé par un narcissique. La connaissance, il est vrai, est le pouvoir.

Le simple fait de savoir qui sont vos parents vous donne un avantage.

Si vous n'avez jamais eu l'impression d'avoir un avantage sur votre parent narcissique auparavant, maintenant vous en avez un. C'est un avantage que vous vous êtes donné en choisissant de vous éduquer et de chercher des réponses. C'est un grand pas en avant, et vous devriez être fier de vous pour une telle initiative. J'espère que vous avez beaucoup appris de vos lectures et que vous êtes capable de franchir les prochaines étapes de votre processus d'auto-éducation et d'auto-guérison.

N'oubliez pas qu'un glossaire supplémentaire se trouve à la fin de ce livre. Il contient des définitions et des informations sur certains termes de votre lecture. Si quelque chose n'a pas de sens ou s'il y a des termes que vous ne connaissez pas, cherchez des précisions dans le glossaire. N'oubliez pas que vous en êtes digne. Vous en valez la peine. Vous êtes votre propre personne. Peu importe ce que vous disent vos parents, vous êtes le maître de votre vie et vous avez le pouvoir de devenir qui et ce que vous voulez être. Je vous laisse avec ces pensées de séparation, car vous êtes déjà sur la voie de l'auto-guérison et de l'avancement de votre vie. Poursuivez ce progrès incroyable.

Je vous remercie.

# Glossaire supplémentaire

Le glossaire ci-dessous énumère plusieurs termes médicaux, scientifiques et fréquemment utilisés dans le texte. N'hésitez pas à y jeter un coup d'œil si vous ne savez pas à quoi se rapporte l'un ou l'autre de ces termes.

**Abus émotionnel:** Également appelée violence psychologique, elle se caractérise par l'exposition et la soumission à un comportement susceptible d'entraîner un traumatisme psychologique et des problèmes de santé mentale. La violence psychologique n'implique pas d'abus physique ou sexuel, même si ceux-ci peuvent également entraîner des traumatismes et des problèmes de santé mentale. La violence émotionnelle est très peu interventionniste et vise l'esprit et les émotions.

**Antisociale:** Défini comme allant à l'encontre des coutumes et des lois sociales et/ou ne possédant pas d'instincts sociaux d'interaction. Les personnes considérées comme "solitaires" ont tendance à entrer dans la catégorie antisociale de l'absence de désir d'interaction sociale.

**Codépendance-Co-dépendance:** Un besoin émotionnel et psychologique ou une dépendance à l'égard de quelqu'un d'autre, généralement un partenaire, un enfant ou un parent. La cause du soutien nécessaire est souvent une maladie mentale ou une dépendance. La codépendance a pour conséquence de favoriser un comportement malsain et est un

**Conditionnement:** Processus par lequel on apprend à un animal ou à une personne à se comporter d'une certaine manière. Ce processus implique généralement de récompenser et de retenir le sujet pour obtenir le comportement souhaité.

**Conditionnement Psychologique:** Processus comportemental visant à imposer une réponse qui devient prévisible et fréquente à la suite de stimulus répétés.

**Condition de santé mentale:** Également appelé "troubles mentaux". Ils sont classés comme des conditions ou des troubles qui ont un impact sur la pensée, l'humeur et le comportement.

**Dépression:** Un état mental qui s'accompagne de graves sentiments de découragement et de déprime. Elle comprend généralement des sentiments de culpabilité, d'insuffisance et d'inutilité. Les symptômes se manifestent également par un manque d'énergie, un manque d'appétit et des pensées suicidaires. Les symptômes de la dépression sont traités par des médicaments et une thérapie.

**Ego:** Défini en psychologie comme la partie de l'esprit qui relie le conscient et le subconscient. La source de l'identité personnelle et un lien avec la réalité. Lié à l'estime et à l'importance de soi d'une personne. L'ego est un facteur important dans le maintien de l'équilibre entre le conscient et le subconscient, ou entre la réalité et ce qui se trouve au-delà.

**Facteurs environnementaux:** Un facteur environnemental est considéré comme un facteur externe auquel une forme de vie (personne) est exposée et qui influence sa croissance, son développement et sa santé. Plus précisément, en ce qui concerne les enfants et l'environnement dans lequel ils sont élevés, les facteurs peuvent inclure le nombre de parents présents dans la maison, le type d'enseignement, les frères et sœurs, la santé mentale des parents, etc.

**Gaslighting:** Une forme de violence psychologique où un agresseur manipule sa victime pour qu'elle remette en question sa propre santé mentale ou sa congruence mentale. L'une des formes les plus courantes d'éclairage au gaz est une tentative de convaincre une autre personne qu'elle a dit ou fait quelque chose qu'elle n'a pas fait, en la confondant avec la croyance qu'elle ne peut pas faire confiance à son propre esprit.

**Grandiose:** Un étalage prétentieux et impressionnant d'apparence ou de style. Également défini comme excessivement grand ou ambitieux. Il s'agit essentiellement d'une attitude "plus grande que la vie" et d'une apparence, d'un style et d'une image de soi qui l'étayent.

**Illusion:** Une tromperie qui amène les sens à interpréter de manière erronée ce qu'ils vivent. On peut également parler d'un faux idéal ou d'une fausse croyance. Les illusions peuvent être liées aux conditions de santé mentale, mais sont parfois aussi liées à des facteurs environnementaux, comme les mirages provoqués par la chaleur.

**Limite:** ligne, visible ou invisible, qui marque une limite dans une sphère ou une activité. Dans le cadre de cette lecture, une frontière est précisément une limite invisible que vous vous imposez à vous-même avec les autres.

**L'illusion:** Un fantasme ou une croyance idiosyncrasique qui est continuellement entretenu malgré les contradictions et les preuves et influences opposées autour de ce qui est généralement accepté. C'est généralement le symptôme d'un trouble mental.

**L'empathie:** Définie comme la capacité à comprendre, à partager et à se rapprocher des sentiments et des émotions d'autrui. Ne pas avoir d'empathie n'est pas la même chose que de ne pas avoir d'émotions. Cela signifie que les émotions d'une autre personne ne sont pas aussi importantes ou nécessaires.

**Manipulation:** L'acte d'utiliser des tactiques sans scrupules, intelligentes ou sournoises pour faire penser ou faire ce que vous voulez de quelqu'un d'autre. Souvent, ne tient pas compte des sentiments ou des croyances de l'autre personne.

**Marginalisation:** Définie comme le fait de traiter un groupe, un individu, un événement ou un objet comme étant insignifiant et sans importance.

**Neurobiologie:** Définie comme l'étude biologique du système nerveux et des composants qui l'influencent. Elle comprend les processus chimiques et les impulsions électriques dans le cerveau et le corps.

**Possessivité:** Définie comme le désir excessif de dominer quelqu'un ou quelque chose, de contrôler ou de posséder quelqu'un ou quelque chose.

**Projection:** La projection est le transfert inconscient des émotions, des pensées et des désirs d'une personne sur une autre. Elle peut se faire de manière négative et critique ou de manière positive, en élevant quelqu'un sur un piédestal. La projection n'est pas en soi un transfert négatif, bien qu'elle soit trompeuse dans les deux cas, car les projections ne sont pas la réalité factuelle.

**Prosociale:** comportement qui se veut positif, utile, et qui favorise l'amitié et l'acceptation sociale.

**Santé mentale:** L'état de bien-être psychologique et émotionnel d'une personne.

**Trouble de la personnalité narcissique (TPN):** Un état mental qui fait qu'un individu a un sentiment exagéré d'importance et de supériorité.

**Trouble de la personnalité:** Un état ou un trouble de santé mentale qui signifie qu'une personne perpétue un mode de fonctionnement, de pensée et de comportement malsain.

**Trouble maniaco-dépressif:** Également connu sous le nom de trouble bipolaire. Trouble de santé mentale caractérisé par des sautes d'humeur à long terme qui se traduisent par des périodes maniaques suivies de périodes dépressives intensément basses. Les périodes maniaques peuvent inclure l'insomnie, une motivation intense et des délires. Les épisodes dépressifs peuvent entraîner un manque d'énergie, un sentiment de découragement et des pensées suicidaires. Les sautes d'humeur peuvent durer des mois.

**Trouble de la personnalité antisociale (TPAS):** Un état de santé mentale défini par un manque d'intérêt et un mépris total pour les autres personnes. Dans la culture et les médias populaires, le terme courant pour TPAS est sociopathe, cependant ce terme n'est pas reconnu dans le monde de la psychologie.

**Trouble complexe de stress post-traumatique (TSPT):** Un trouble traumatique résultant d'une exposition répétée à des situations traumatisantes et abusives pendant des semaines, des mois ou des années. Souvent le résultat d'abus sur enfants à long terme, d'abus sexuels ou de détention en tant que prisonnier de guerre. Il présente les mêmes symptômes de SSPT ainsi que de nombreux symptômes uniques. Souvent traité par une psychothérapie intense et des médicaments.

**Trouble d'anxiété:** Tout trouble psychiatrique qui implique une quantité extrême et irrationnelle de peur et d'inquiétude. Le trouble d'anxiété générale est un trouble courant. Les troubles anxieux moins courants et plus extrêmes deviennent des phobies.

**Trouble de stress post-traumatique (TSPT):** Un trouble traumatique qui résulte du fait d'avoir été témoin ou d'avoir vécu un seul événement traumatique. Il résulte de l'incapacité à dépasser l'événement traumatique.